Valenthin Engel

Das magische Klavier

Leichte, zauberhafte Stücke zum auswendig Spielen

2. Auflage 2020

ISBN 978 3 86642 107 3

Covergestaltung: Ron Marsman
Illustrationen: Leslie Hofmann
Satz und Layout: Hans-Jörg Fischer, Regina Fischer-Kleist

Hergestellt in der EU
artist ahead Musikverlag · Wiesenstraße 2-6 · 69190 Walldorf · Germany
info@artist-ahead.de · www.artist-ahead.de

Inhaltsverzeichnis

Vorwort

Dieses Buch ist als spielerischer Ergänzungsband zu einer Klavierschule gedacht. Es beinhaltet sehr leichte, klassische und modern klingende Vortragsstücke für Anfänger, die viel Spaß machen.

Kurze und schön klingende Sequenzen werden einfach nur verschoben und können schnell auswendig gespielt werden. Dadurch werden Ausdruck, Pedalspiel und Dynamik schon früh vermittelt und die Fingerfertigkeit wird geschult.

Die Stücke sind immer zuerst in einer kurzen „Verschiebe"-Version und danach noch mal in einer ausgeschriebenen Version notiert.

Viel Spaß wünscht Valenthin Engel

Abrakadabra

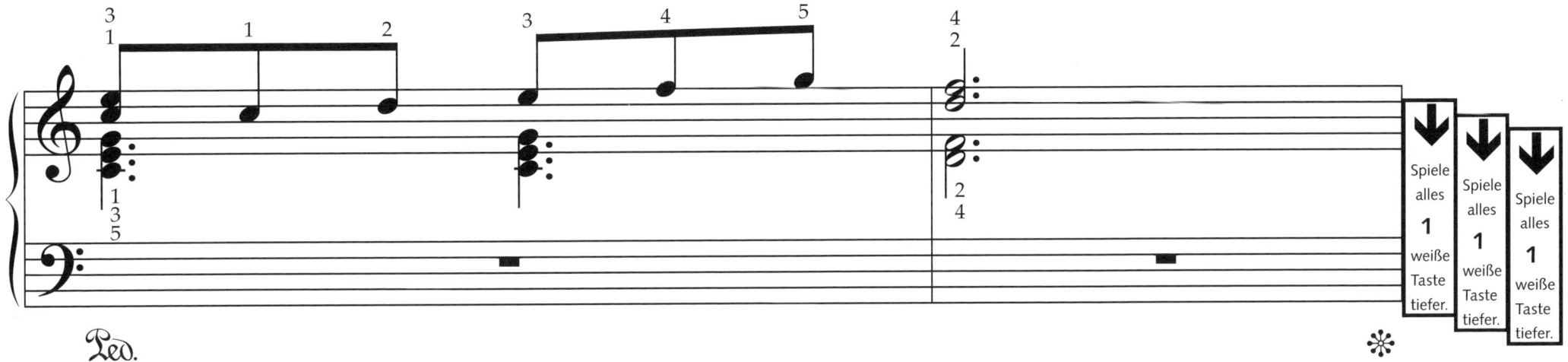

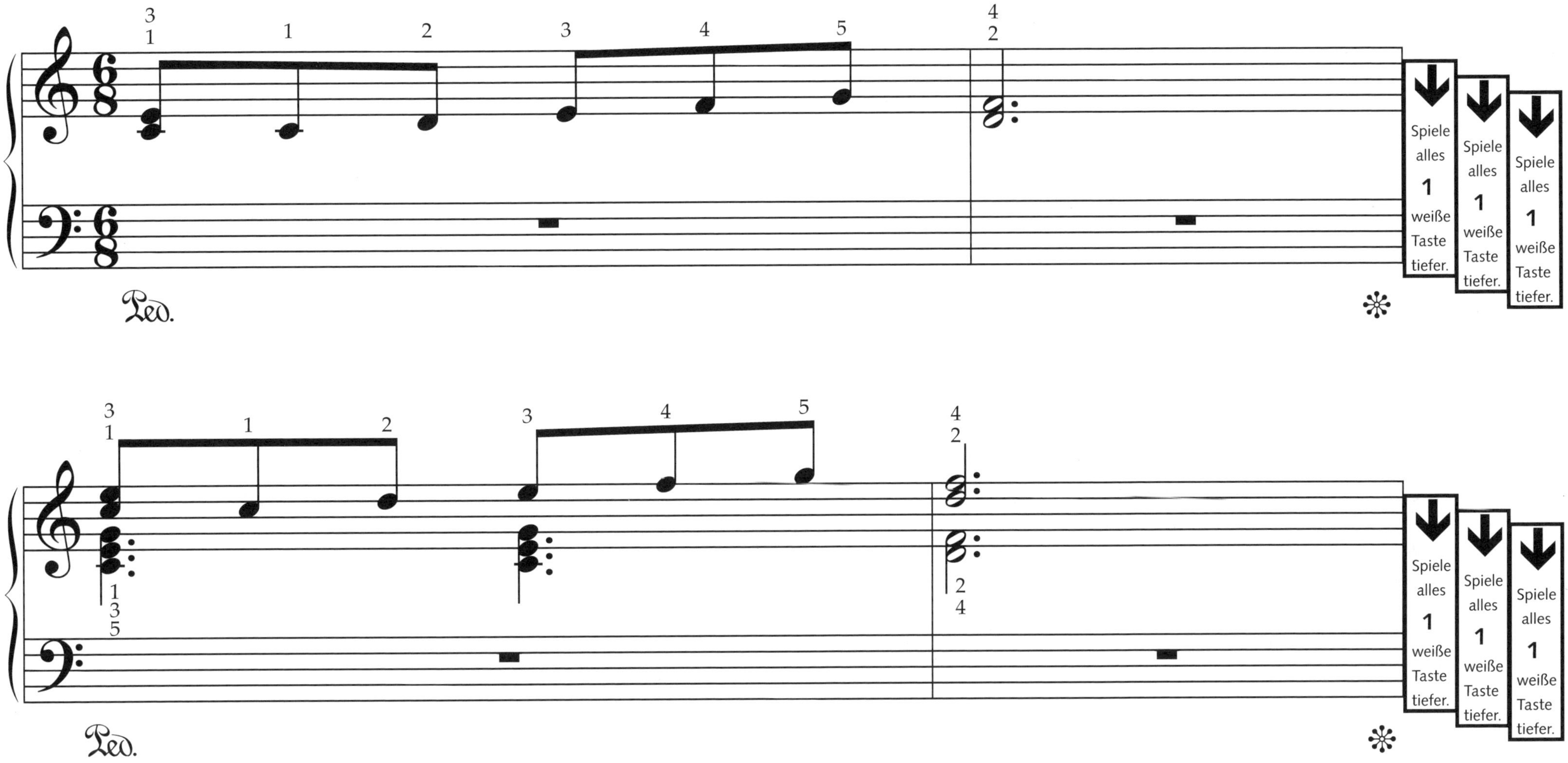

Abrakadabra

con Ped.

Hokus Pokus

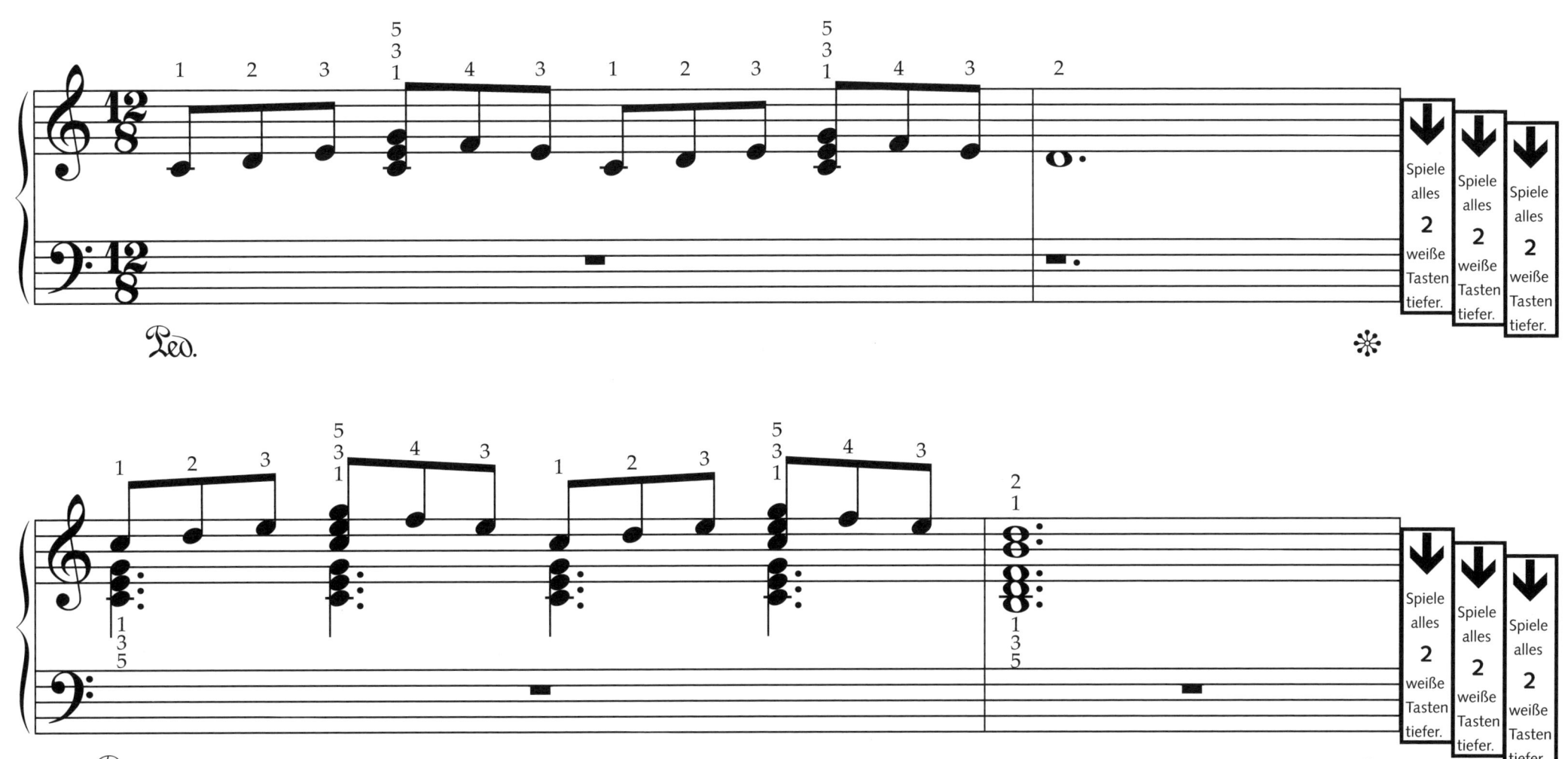

Hokus Pokus

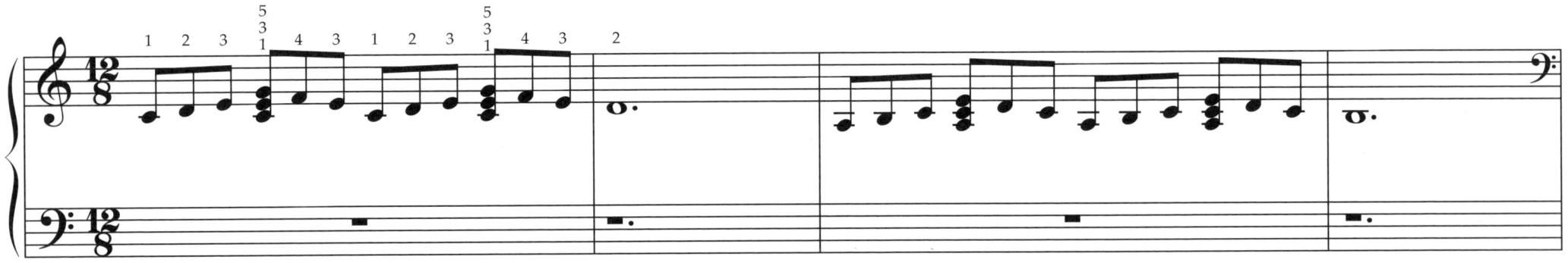

con Ped.

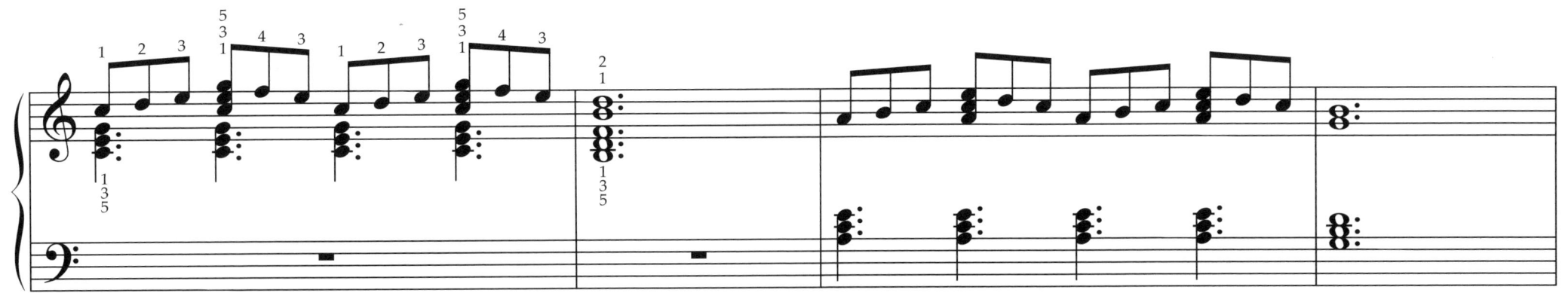

Magische Hände

Magische Hände

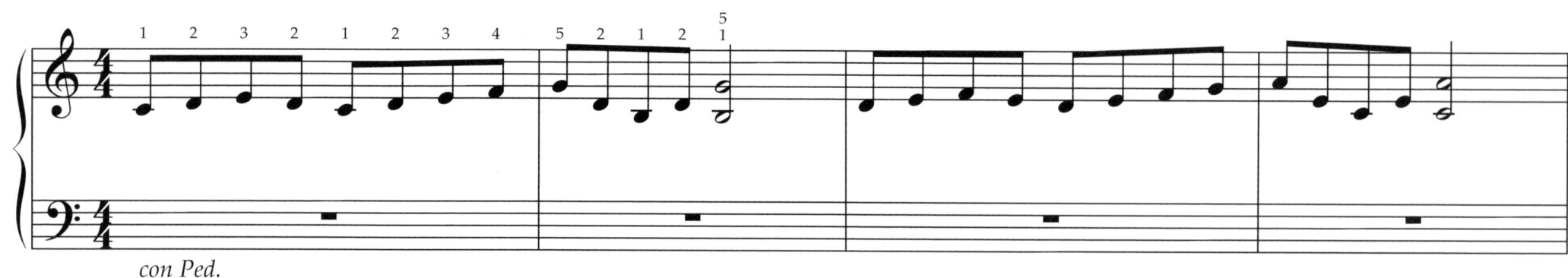

con Ped.

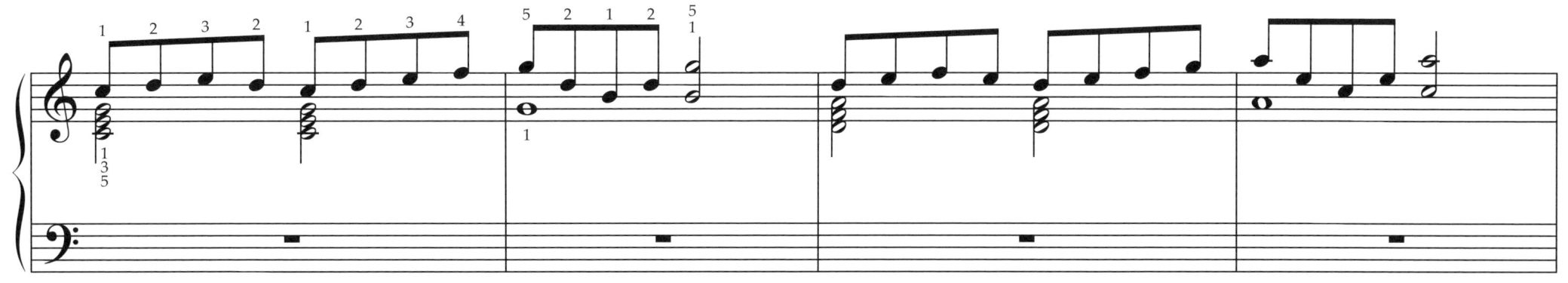

Simsalabim

Simsalabim

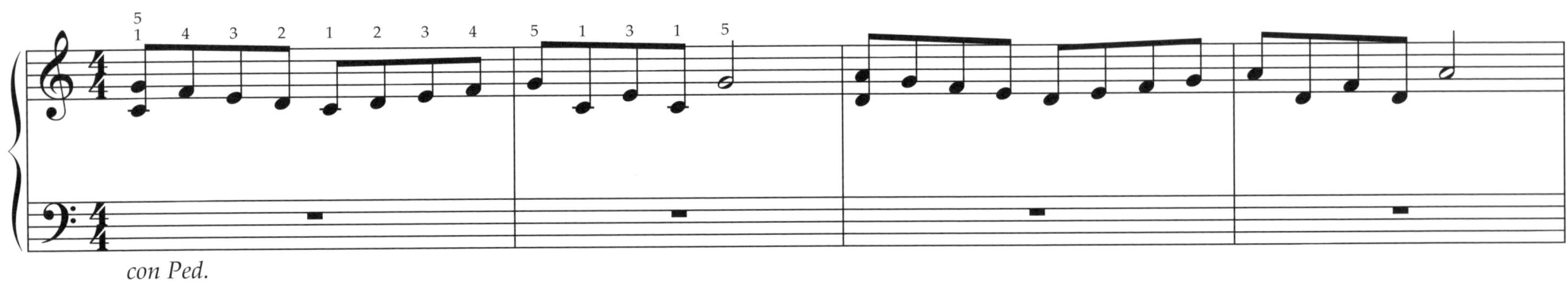

con Ped.

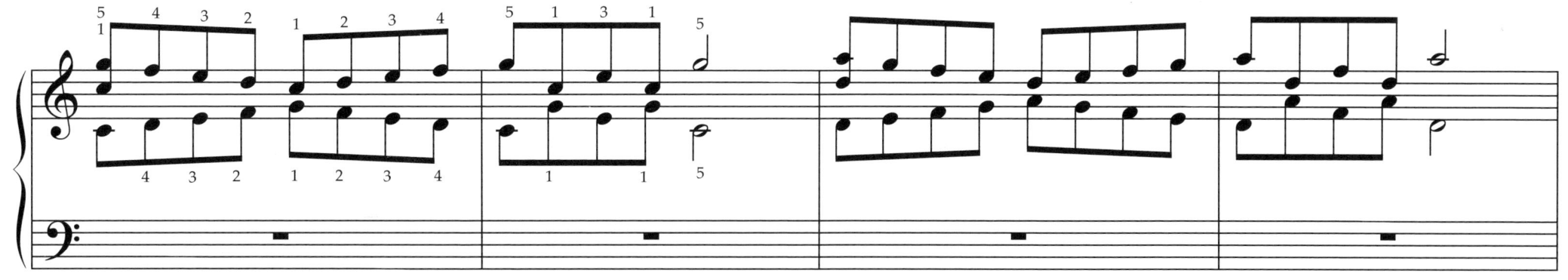

Der Kartenspieler

Spiele bei D.C. (da capo) beide Hände eine Oktave höher!

Der Gaukler

Der Gaukler

con Ped.

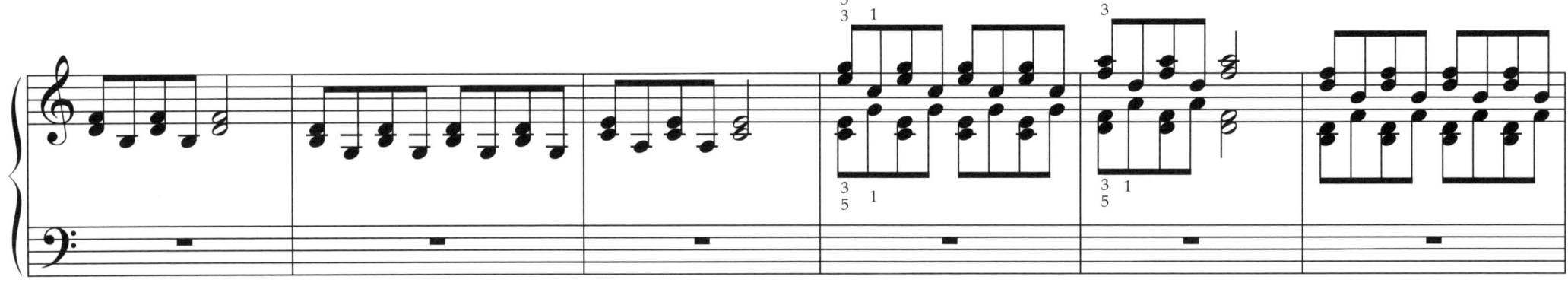

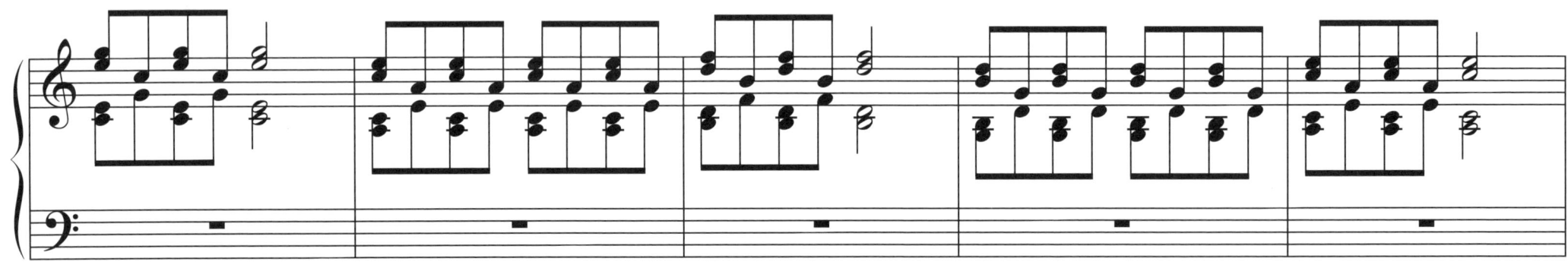

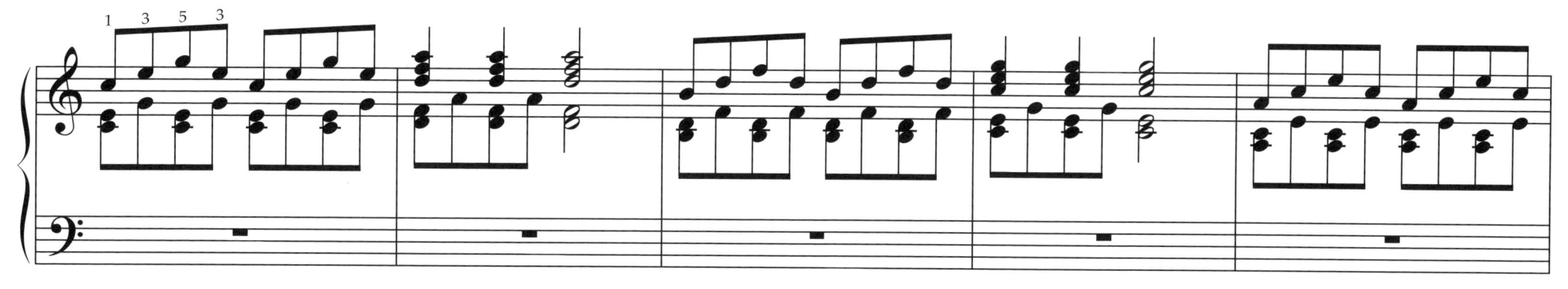

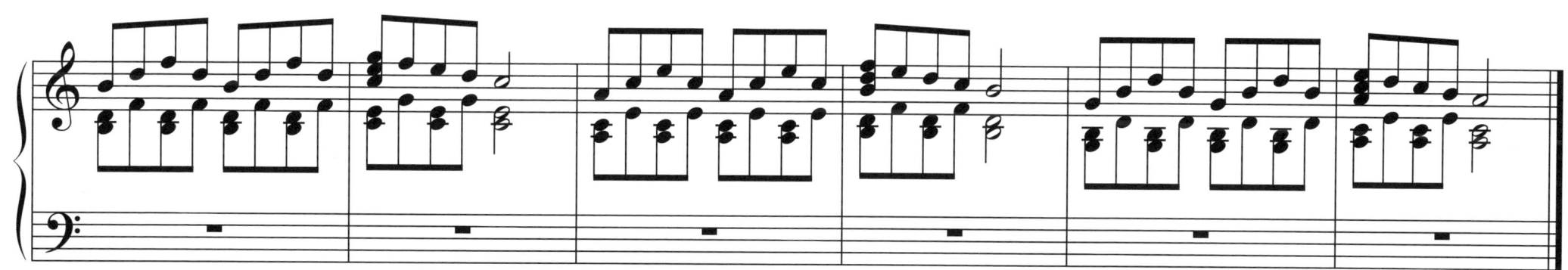

Der fliegende Besen

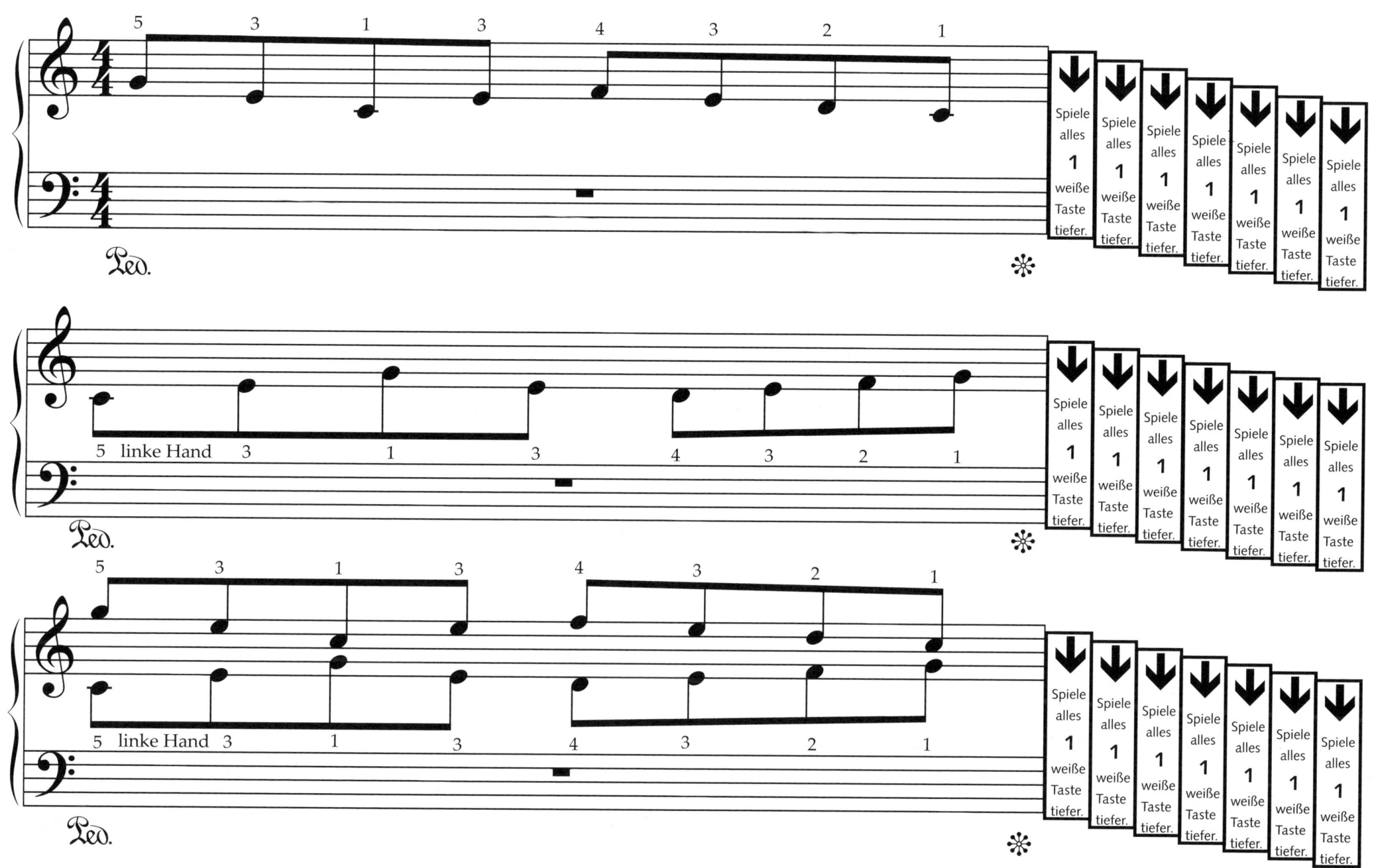

Der fliegende Besen

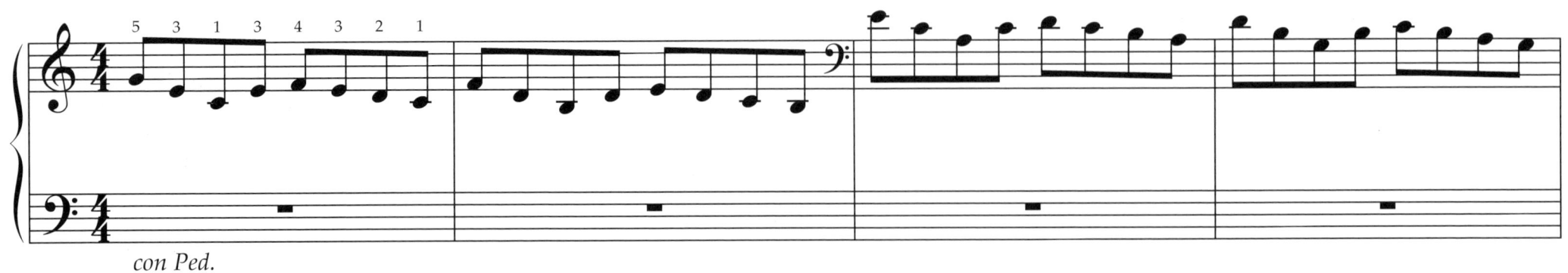

con Ped.

linke Hand

rechte Hand

5 3 1 3 4 3 2 1

5 3 1 3 4

linke Hand

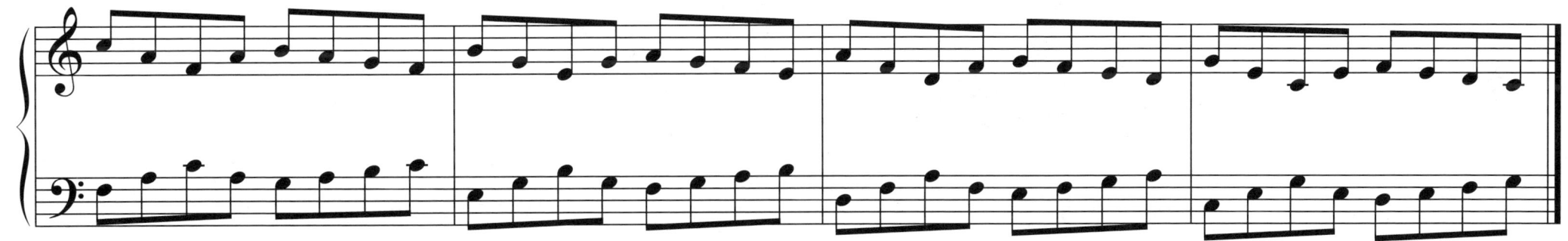

Hex Hex

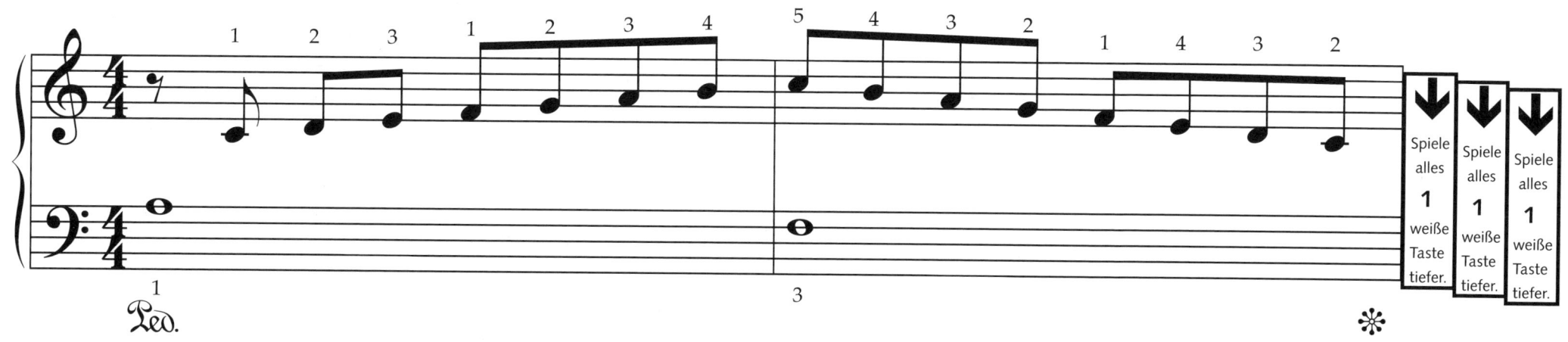

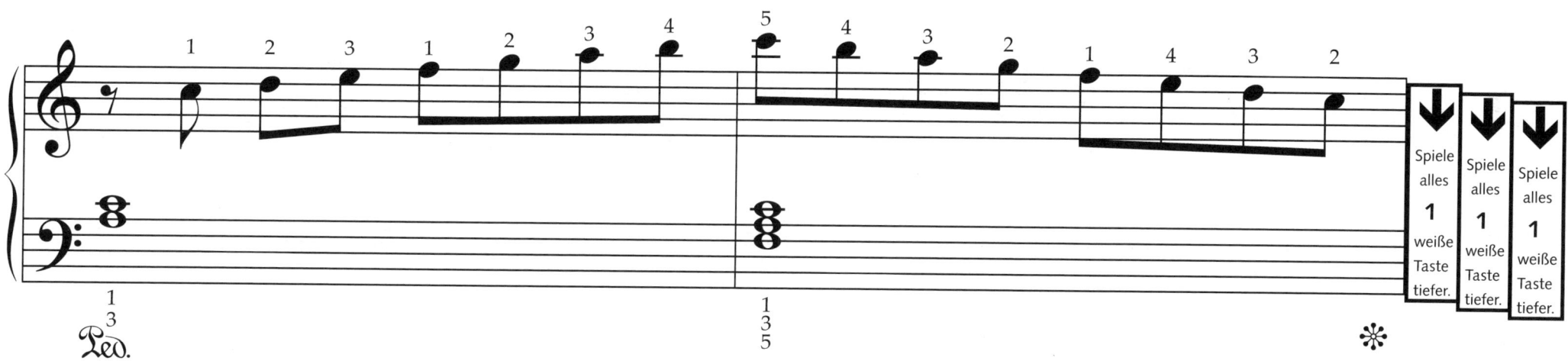

Hex Hex

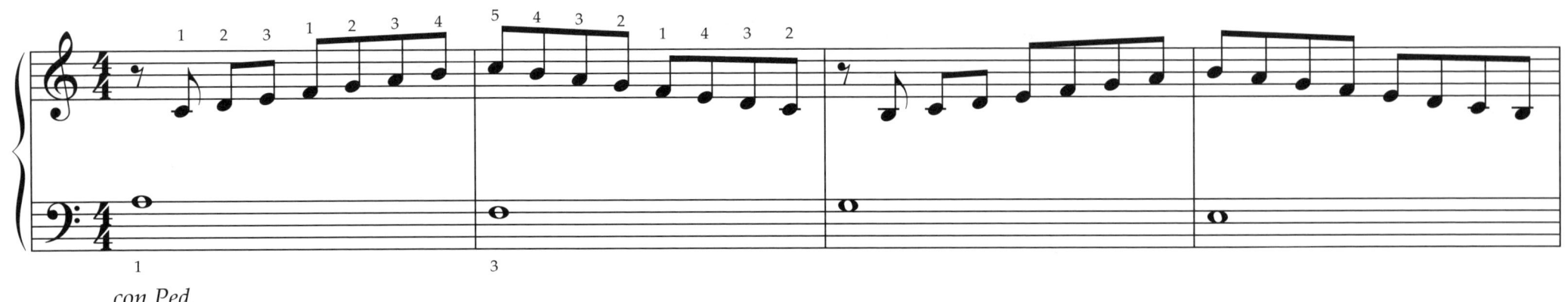

con Ped.

Der Magier

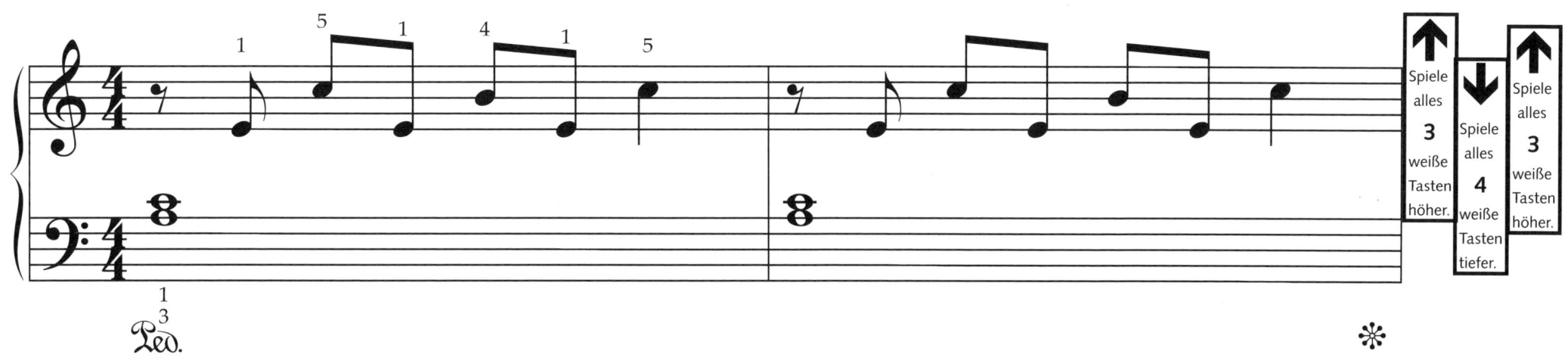

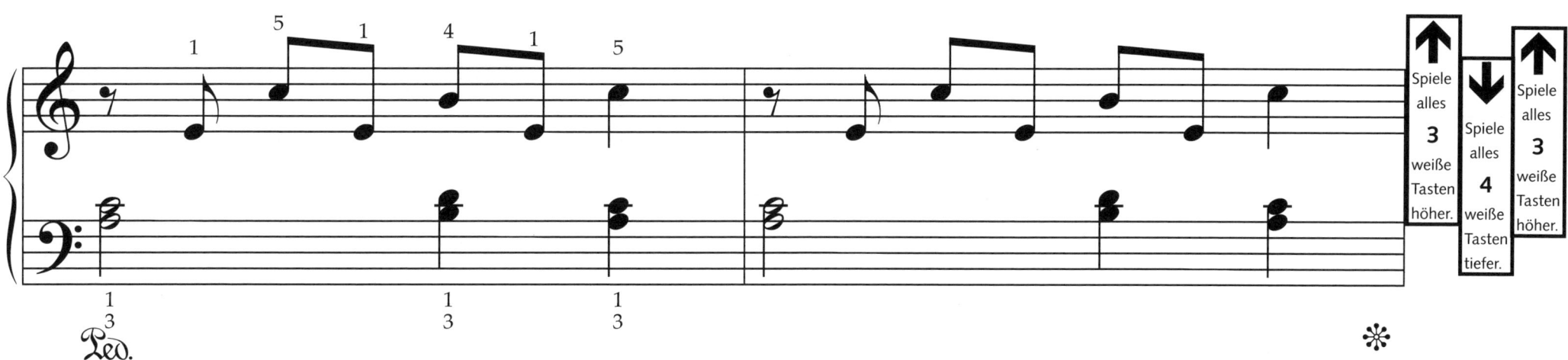

Der Magier

con Ped.

Zauber aus dem Hut

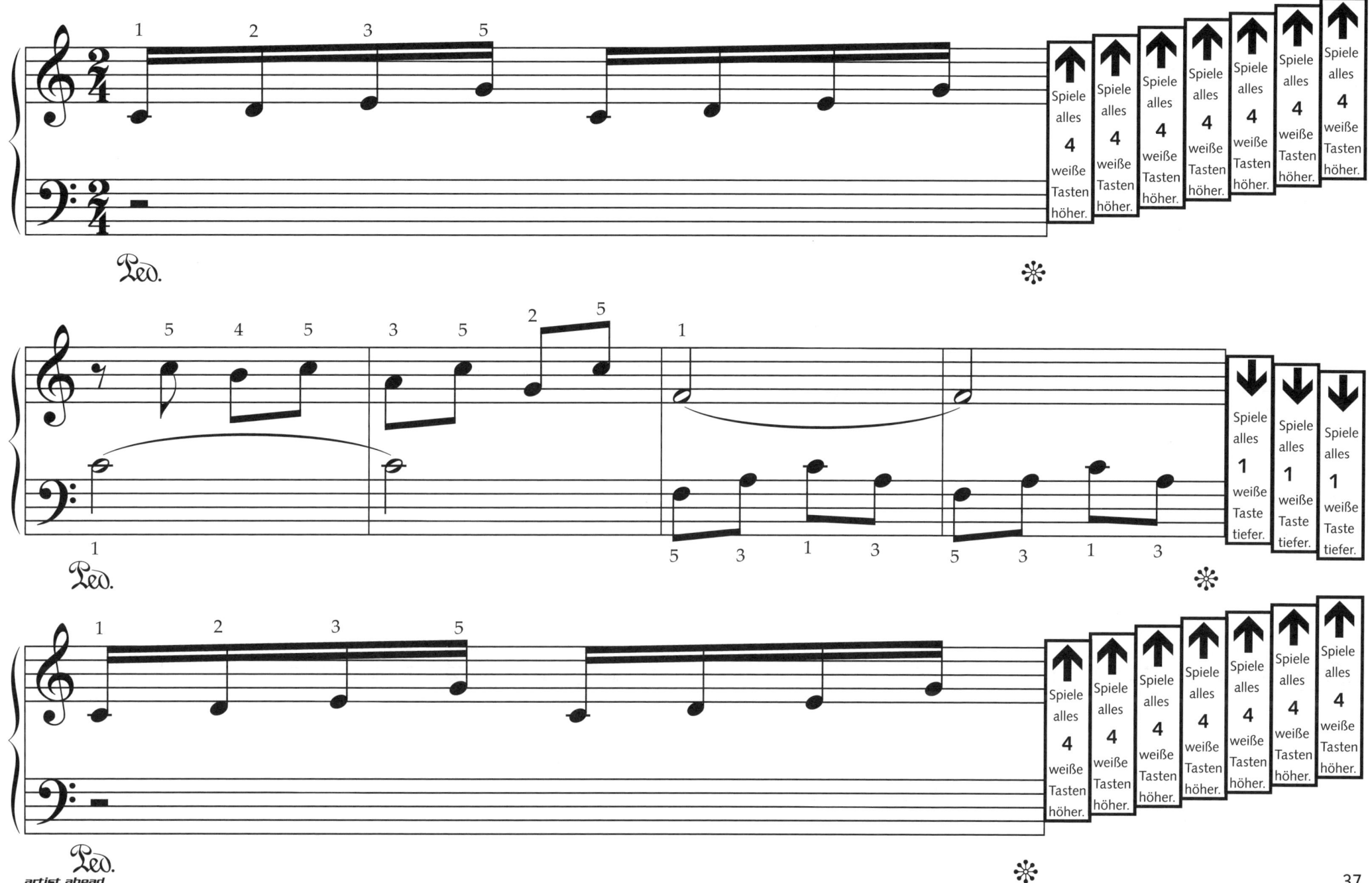

artist ahead

Zauber aus dem Hut

con Ped.

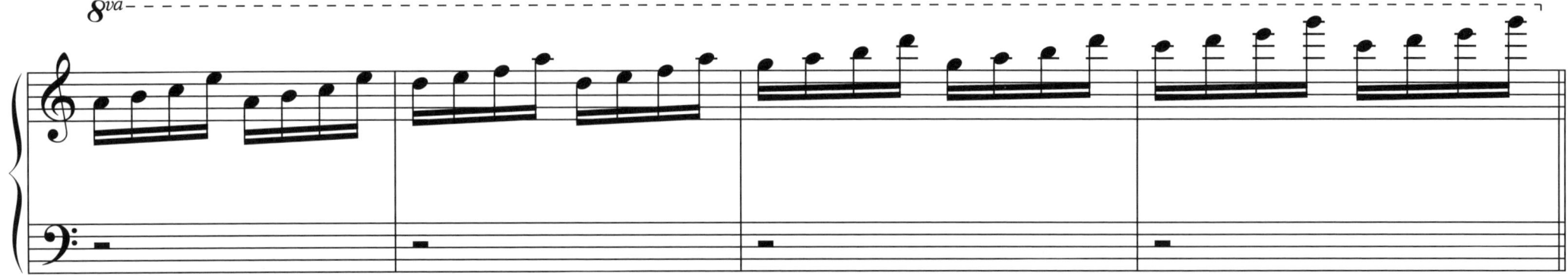

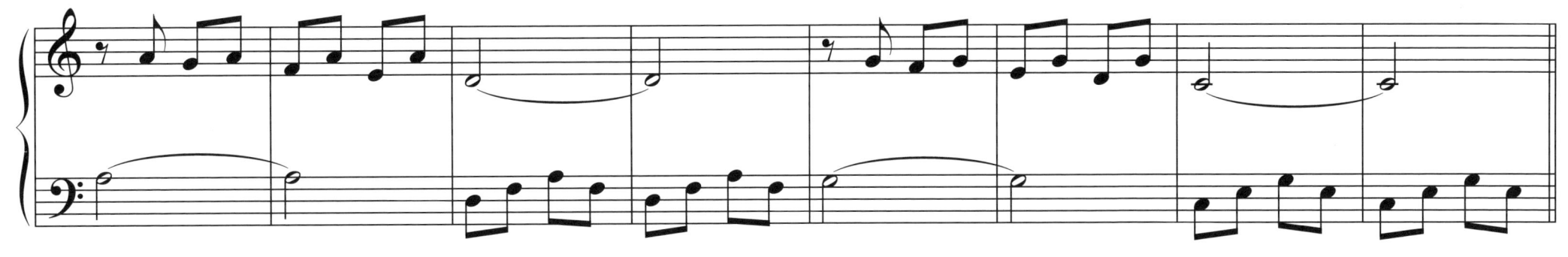

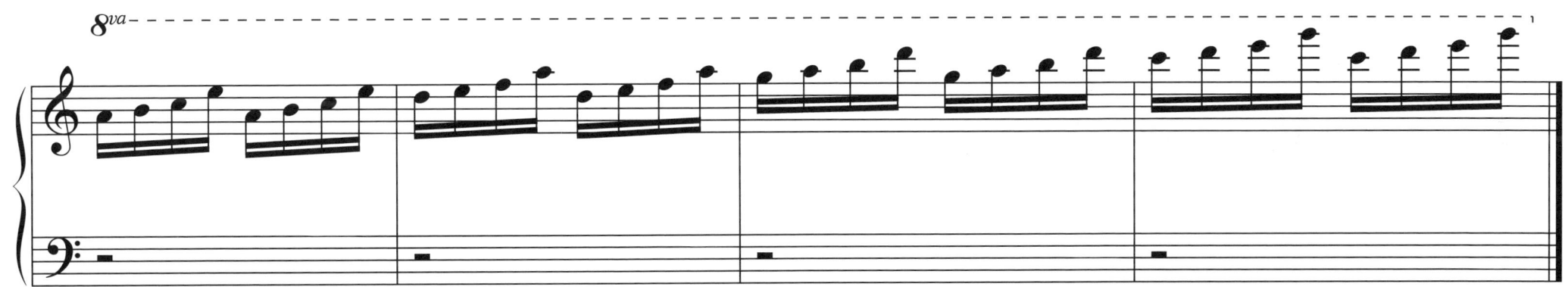

Merlin

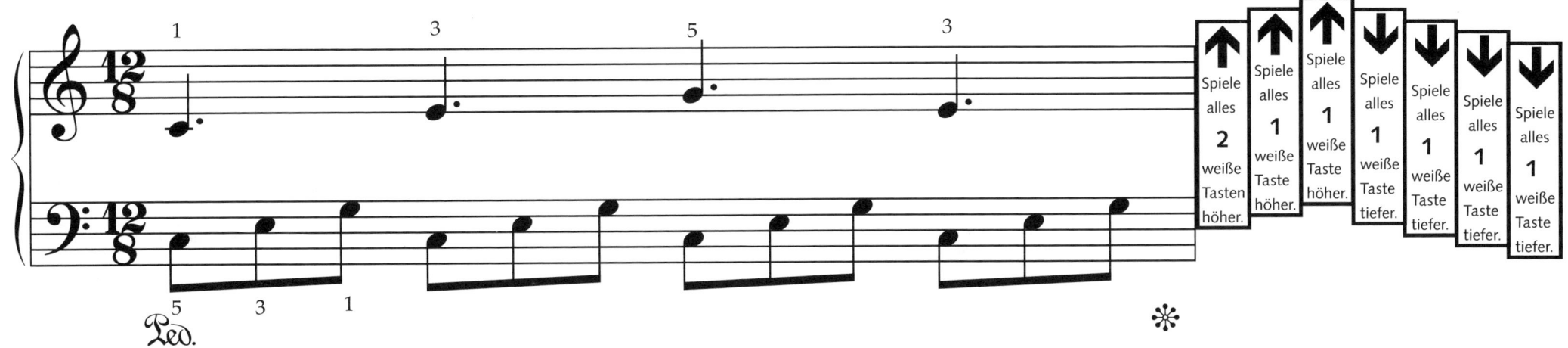

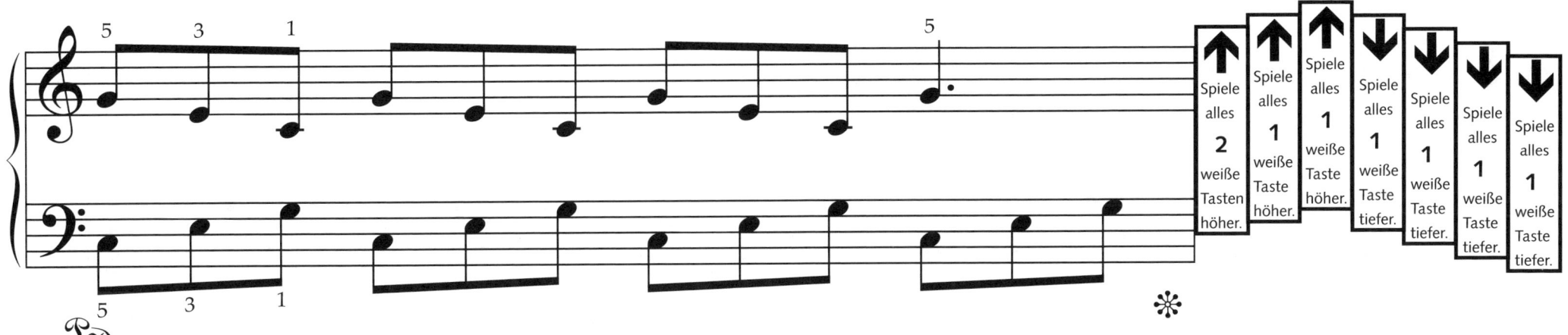

Merlin

con Ped.

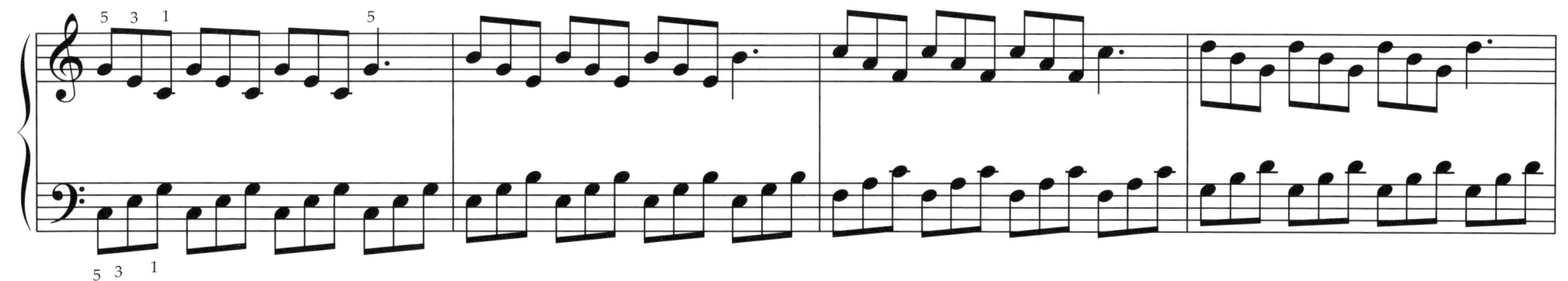

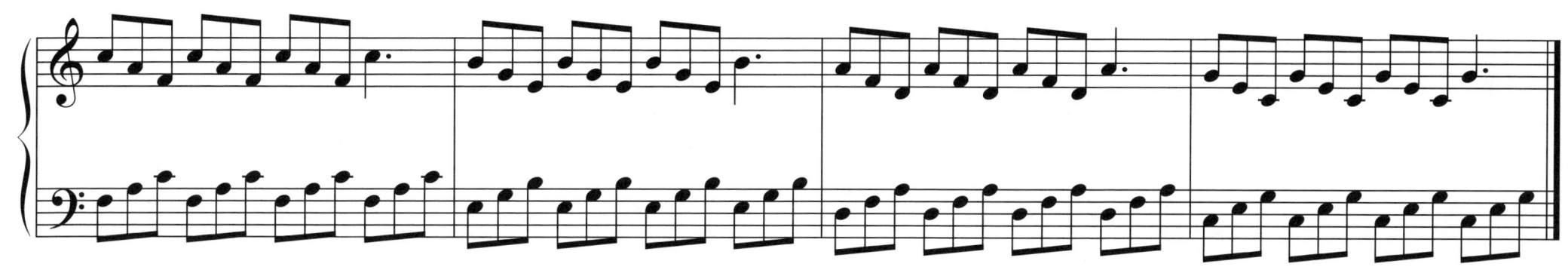

Schwarzer Kater

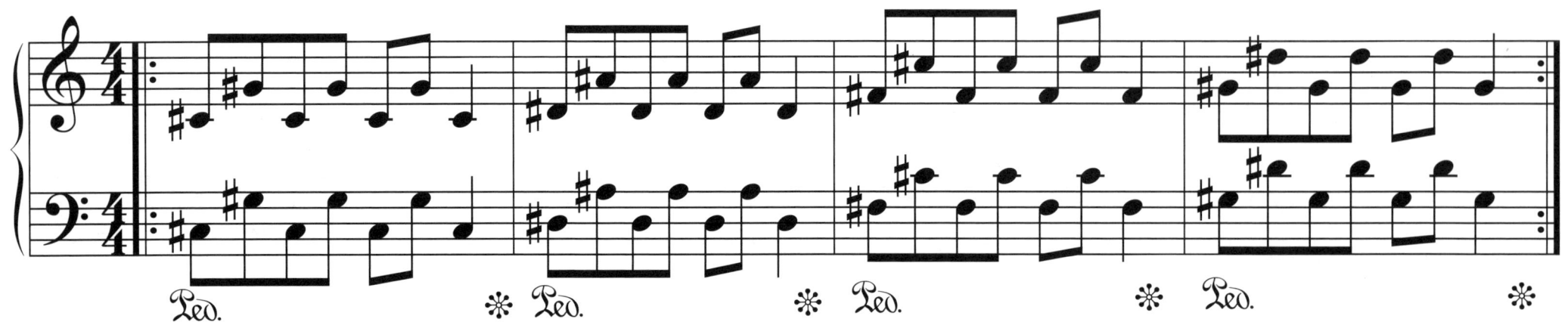

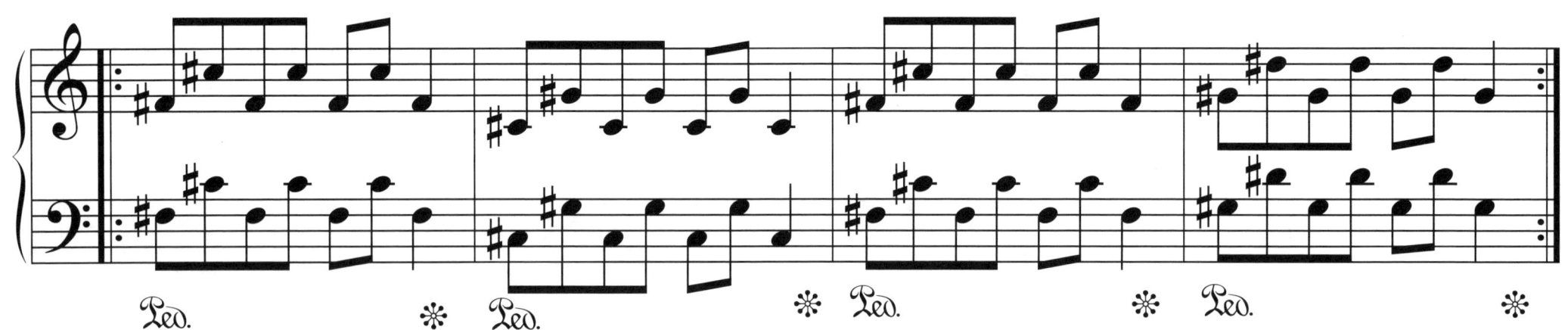

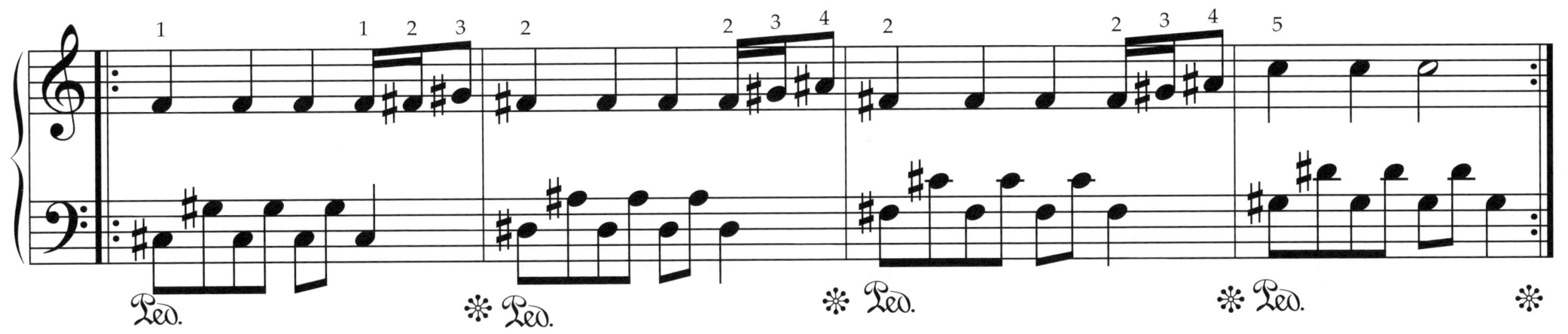

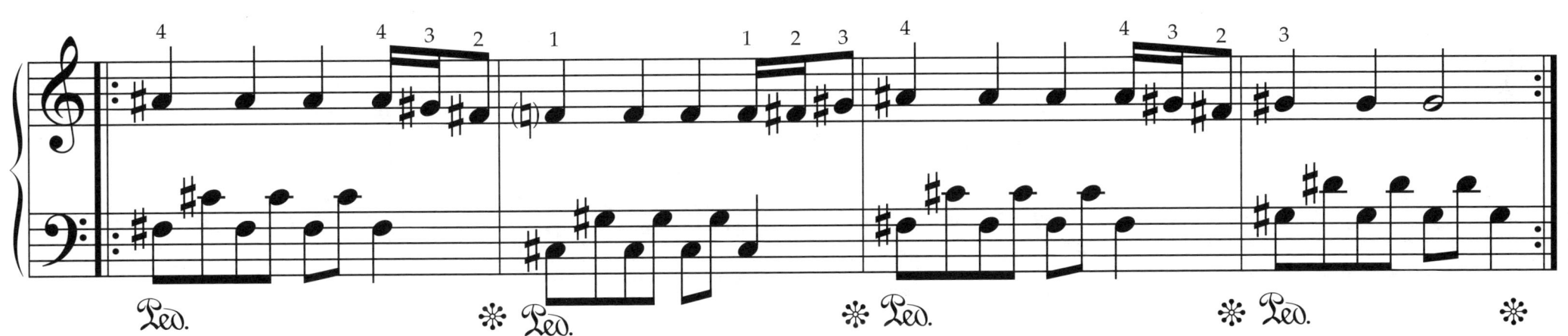

Weiße Katze

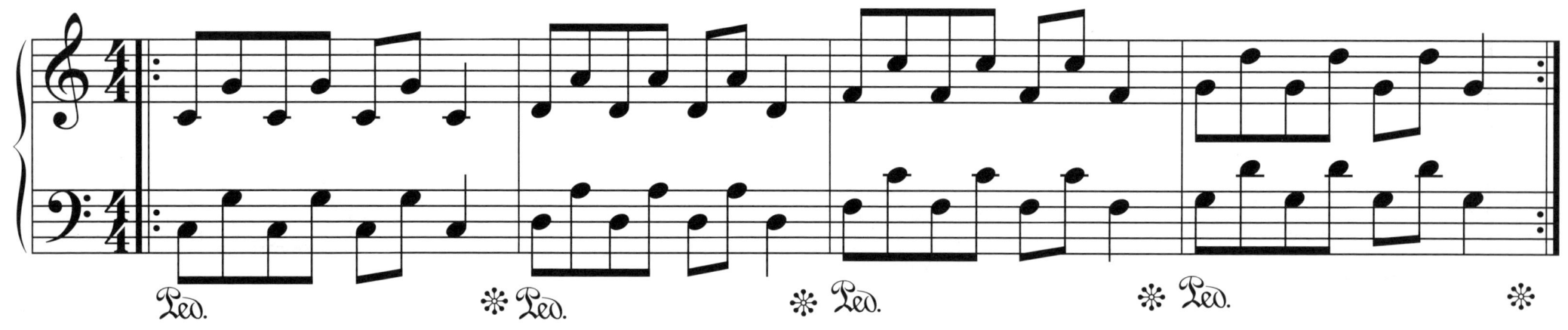

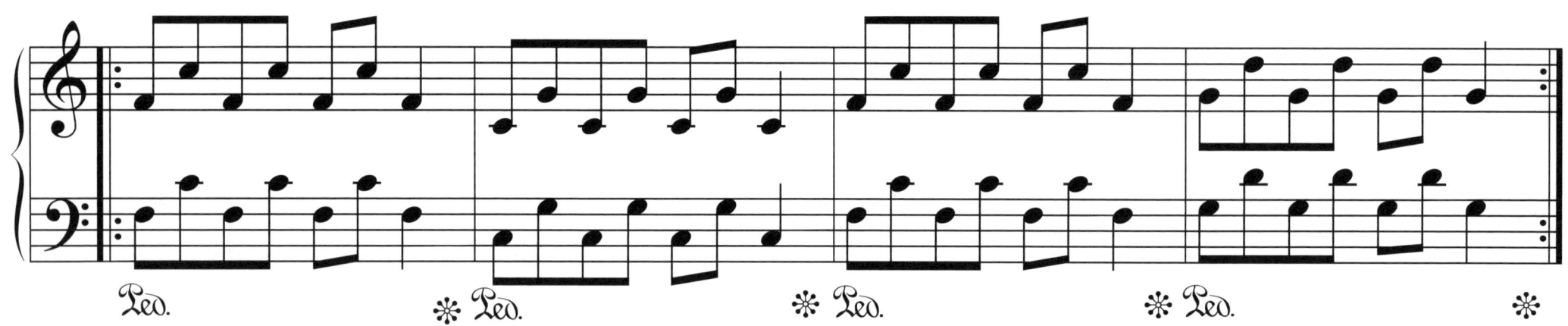

Der Zauberlehrling

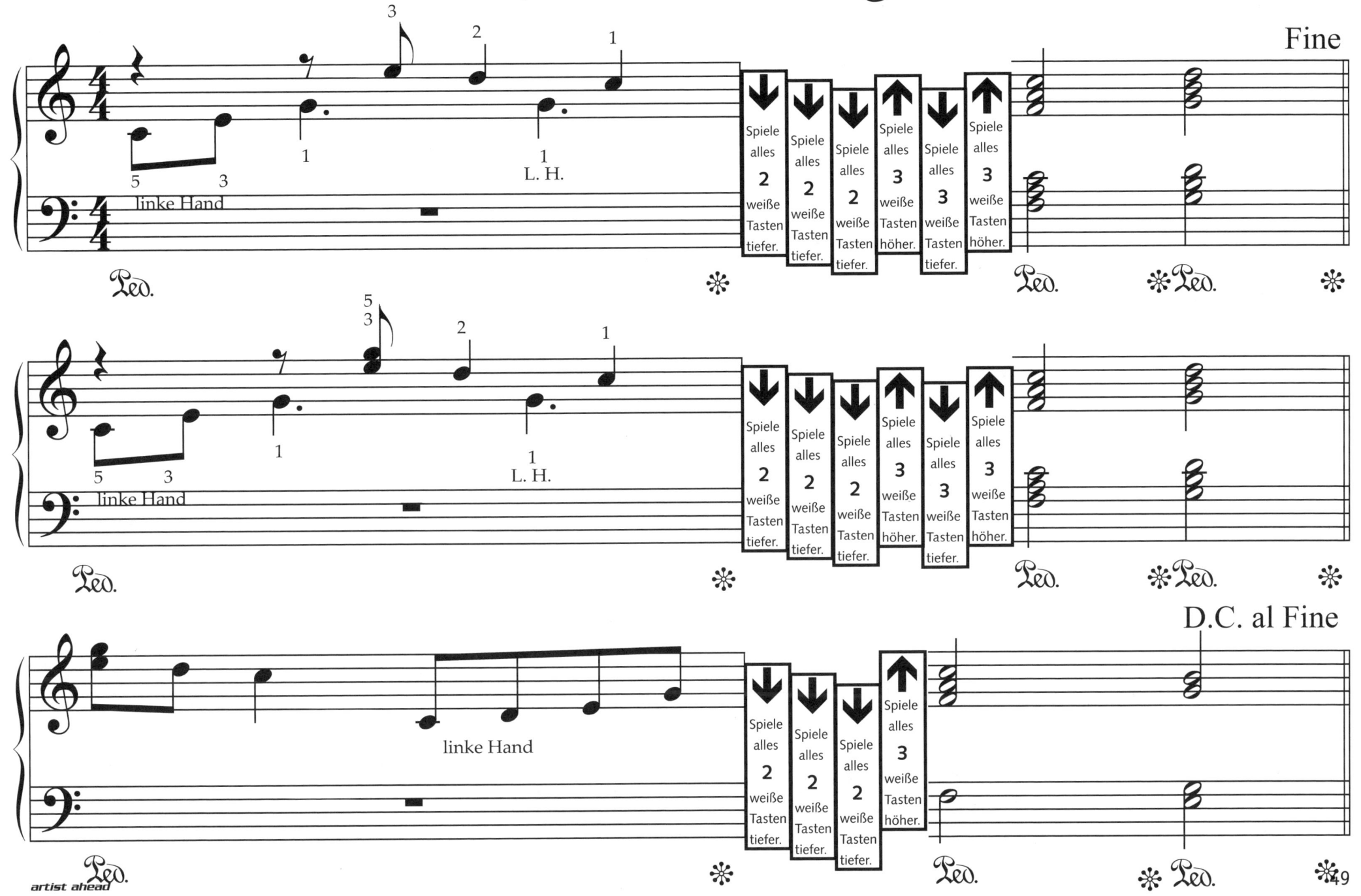

Der Zauberlehrling

con Ped.

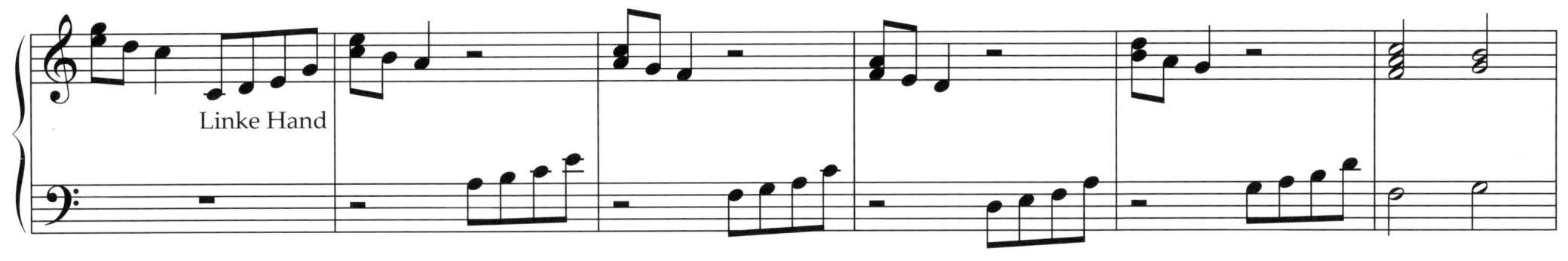

Linke Hand

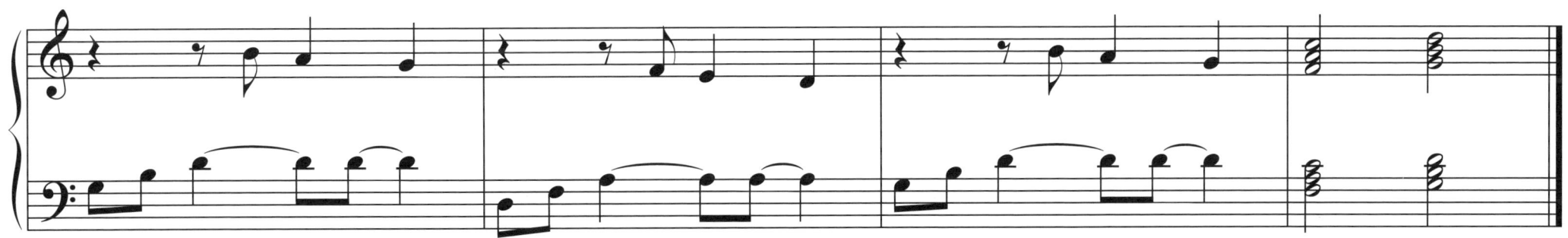

Der verschwundene Hase

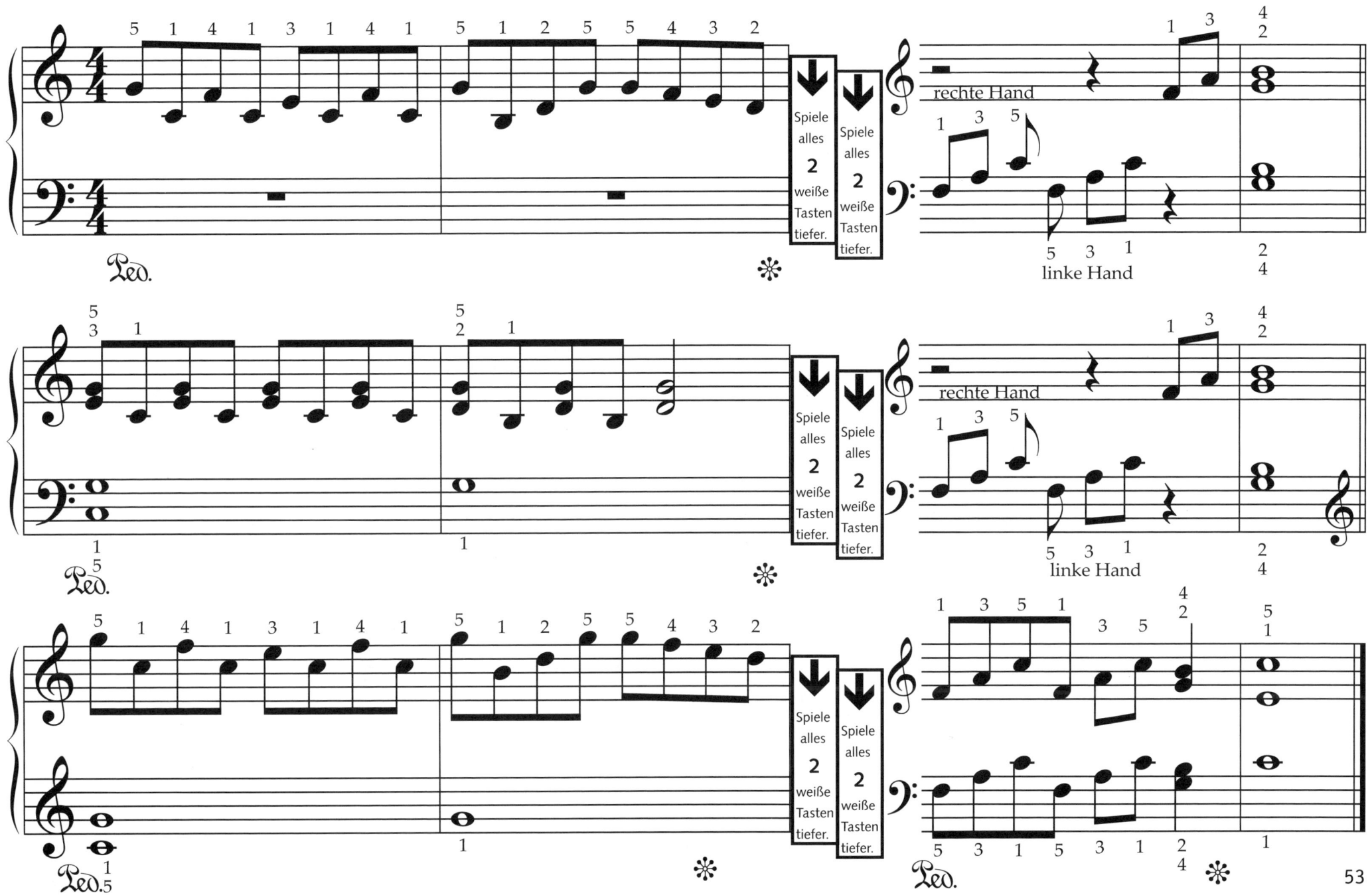

53

Der verschwundene Hase

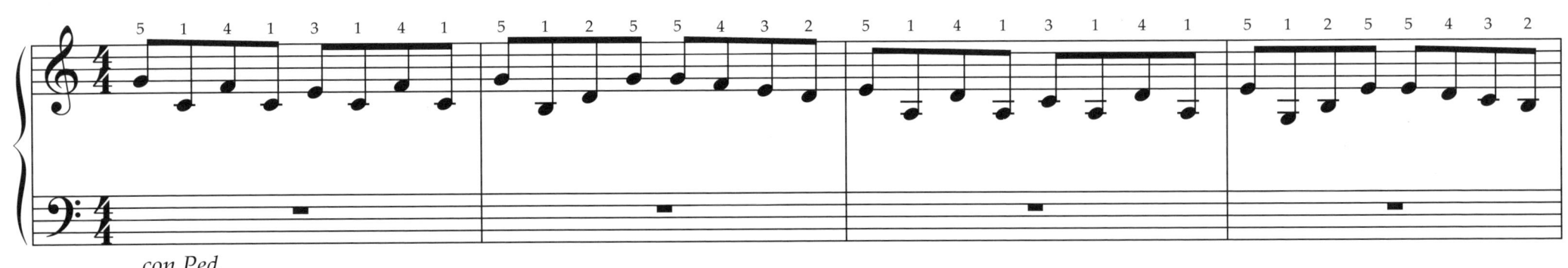

con Ped.

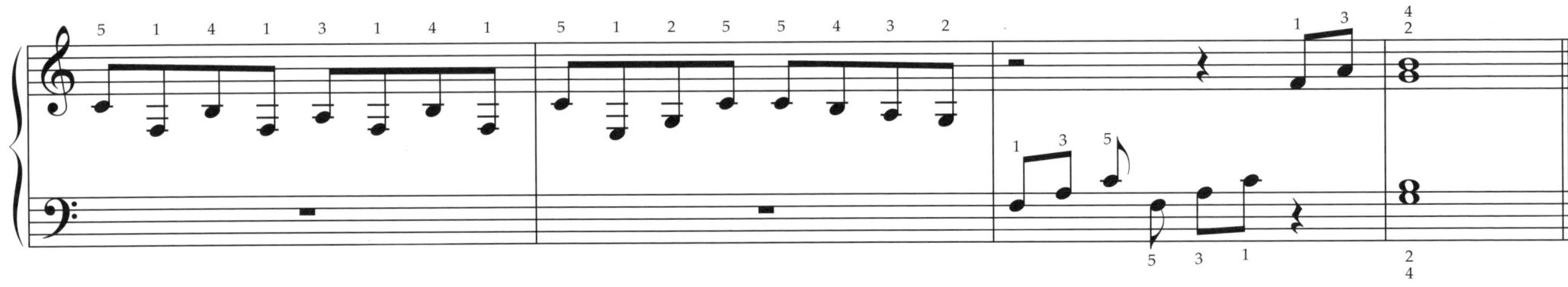

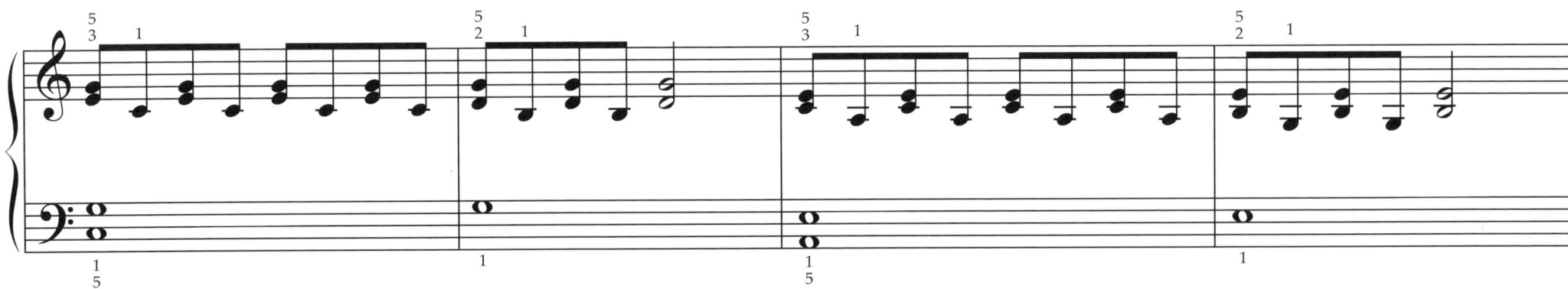

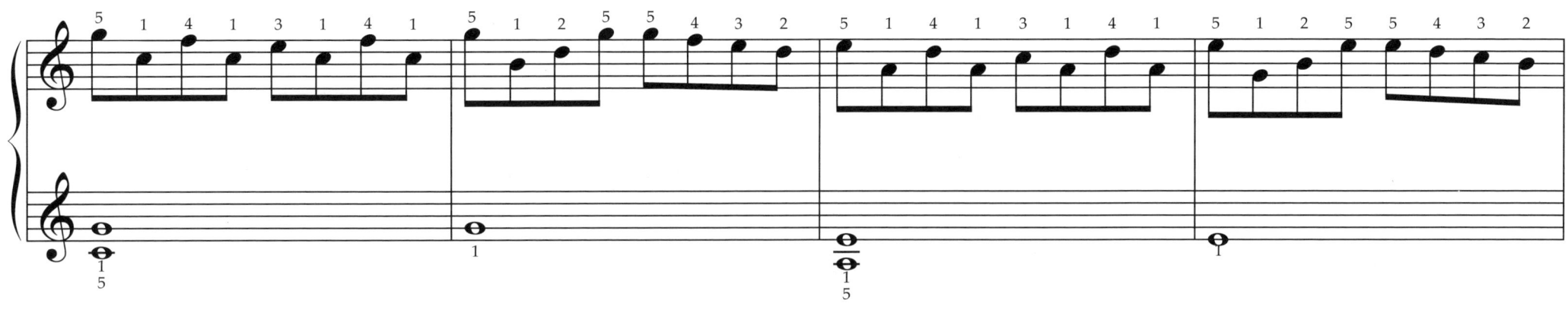

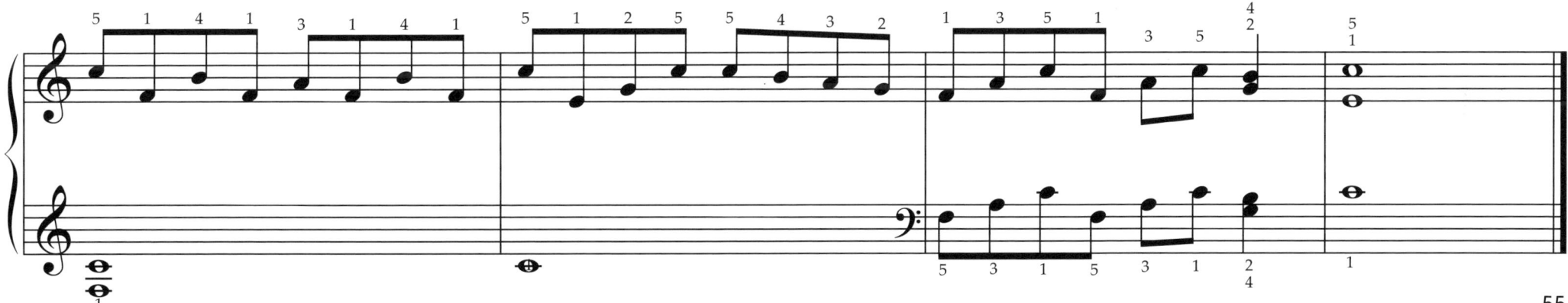

Die schwebende Frau

Spiele alles **2** weiße Tasten tiefer.

57

Die schwebende Frau

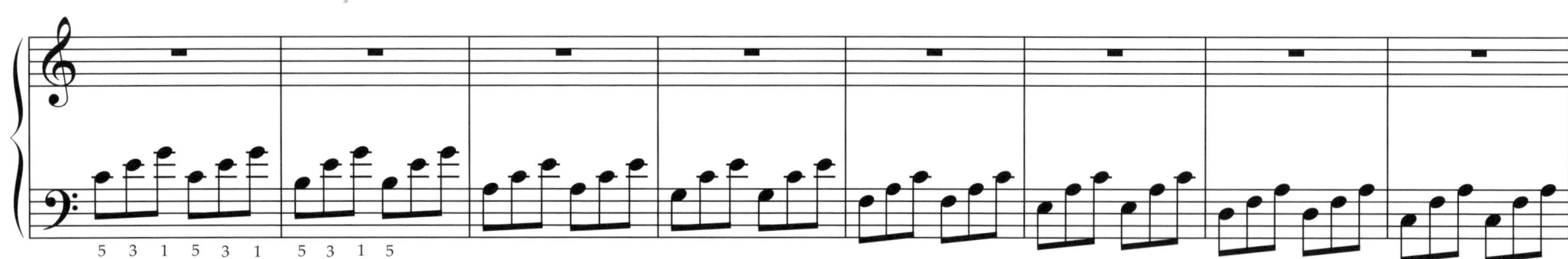

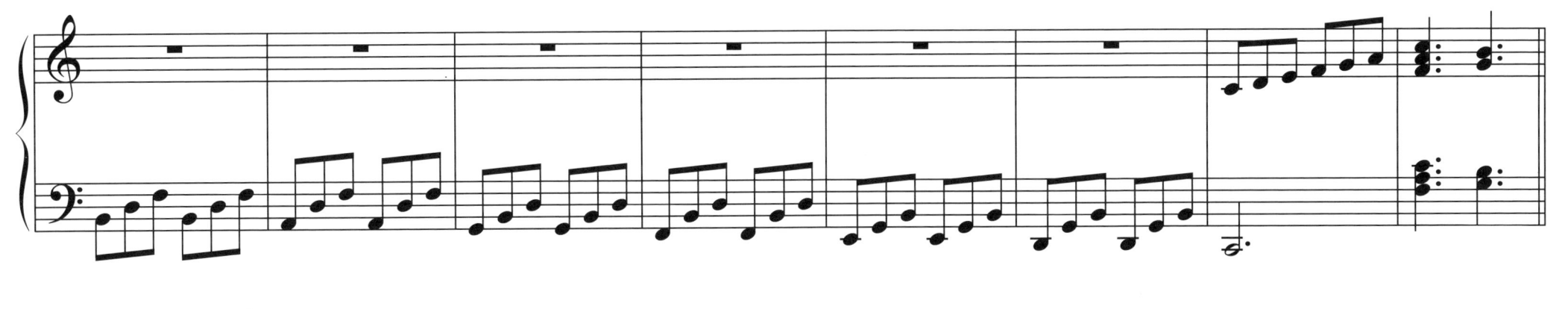
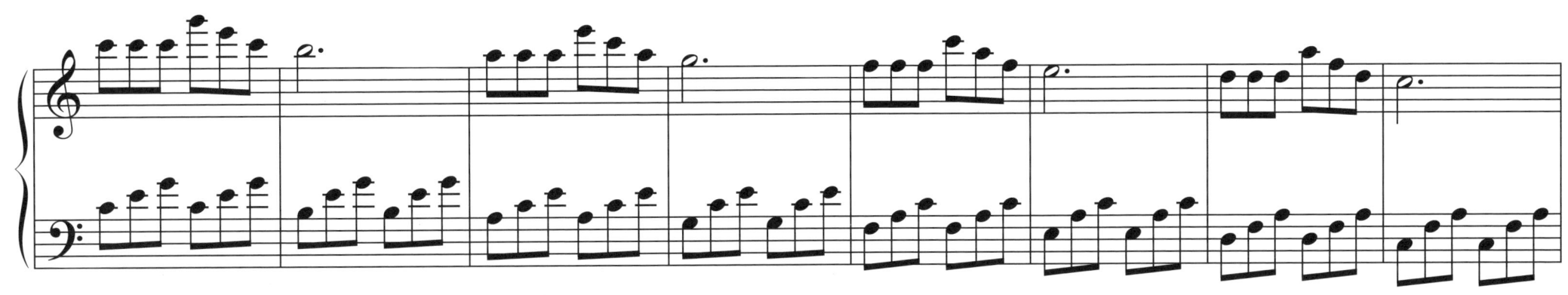

Illusion

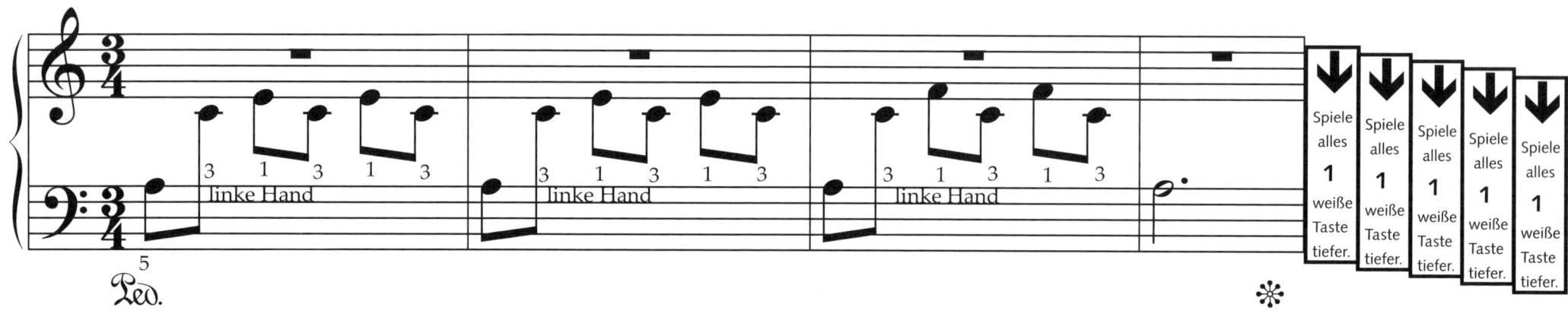

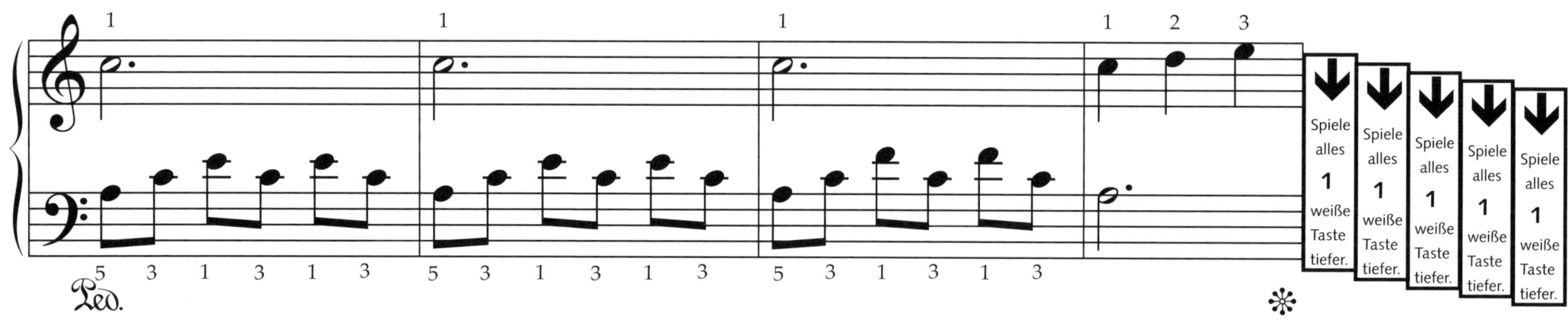

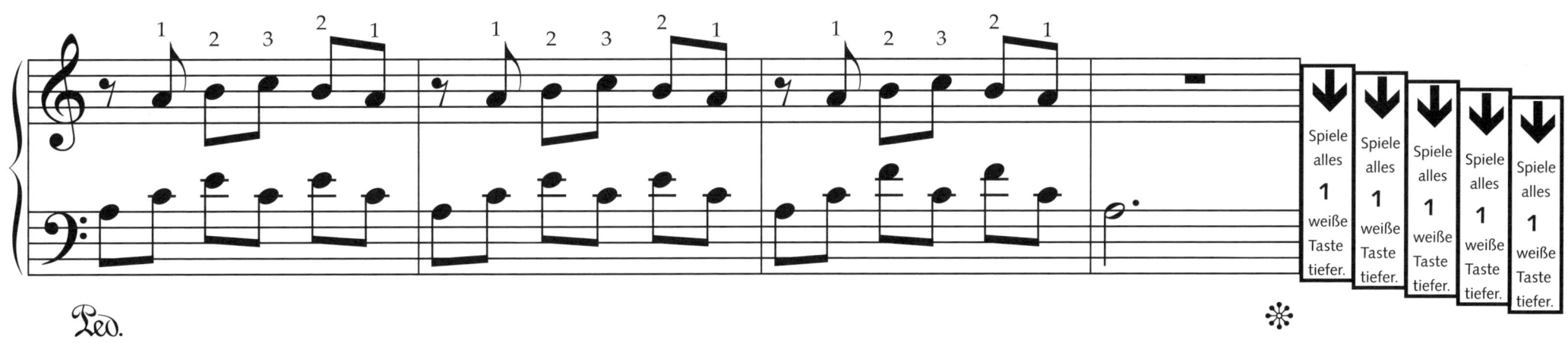

Illusion

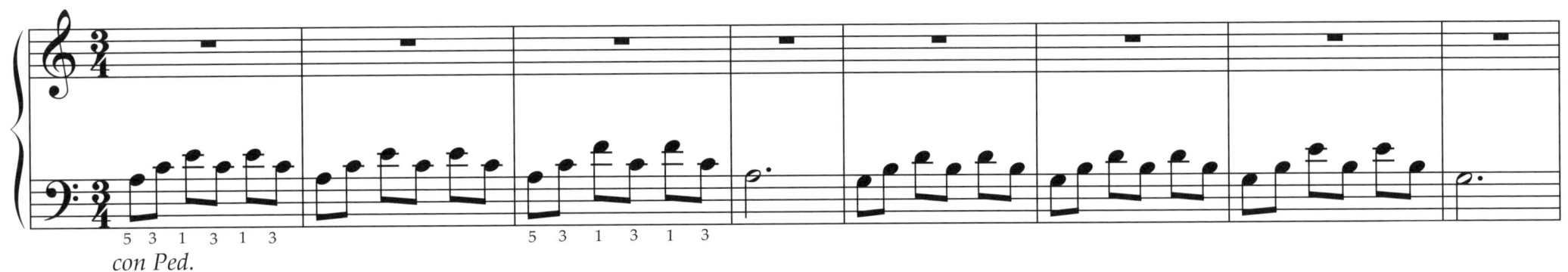

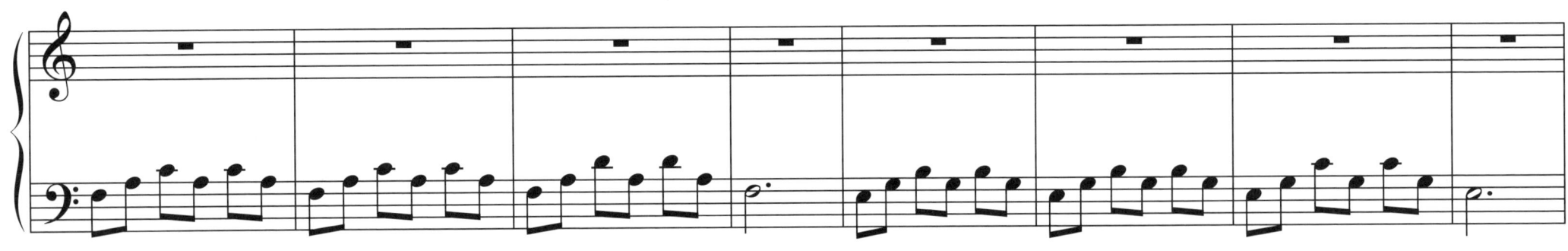

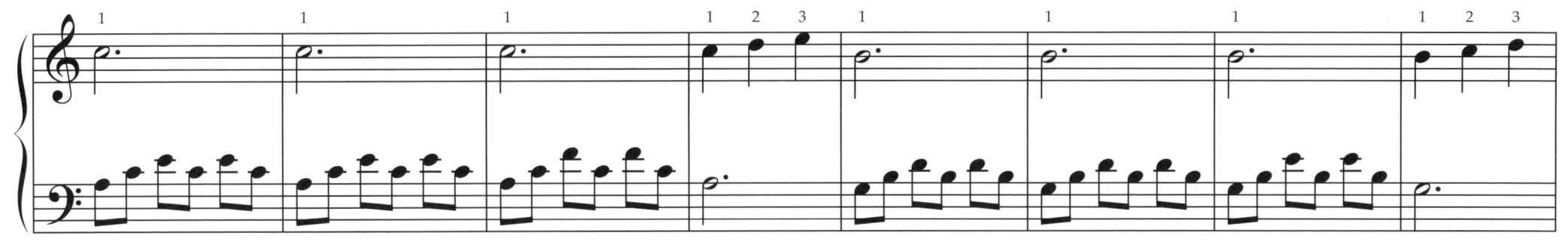

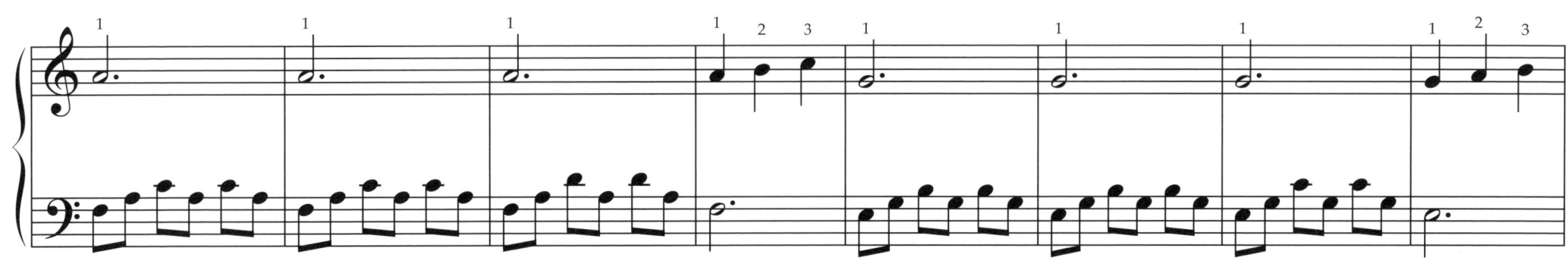

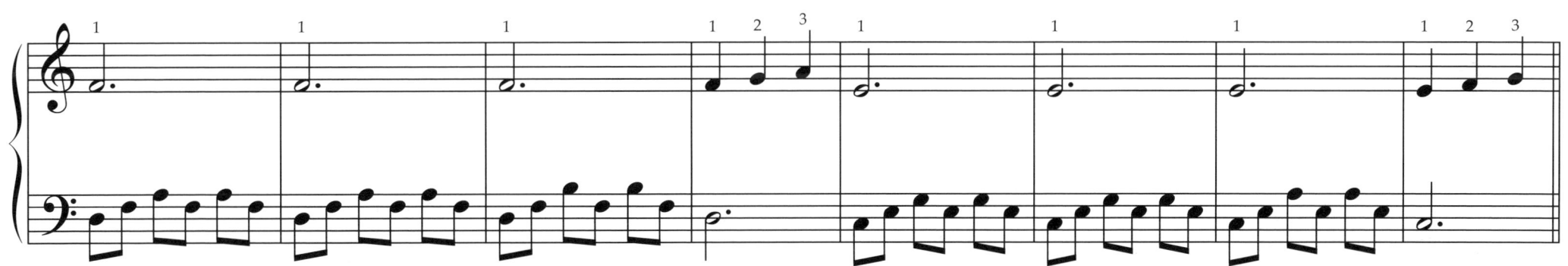

Zauberei

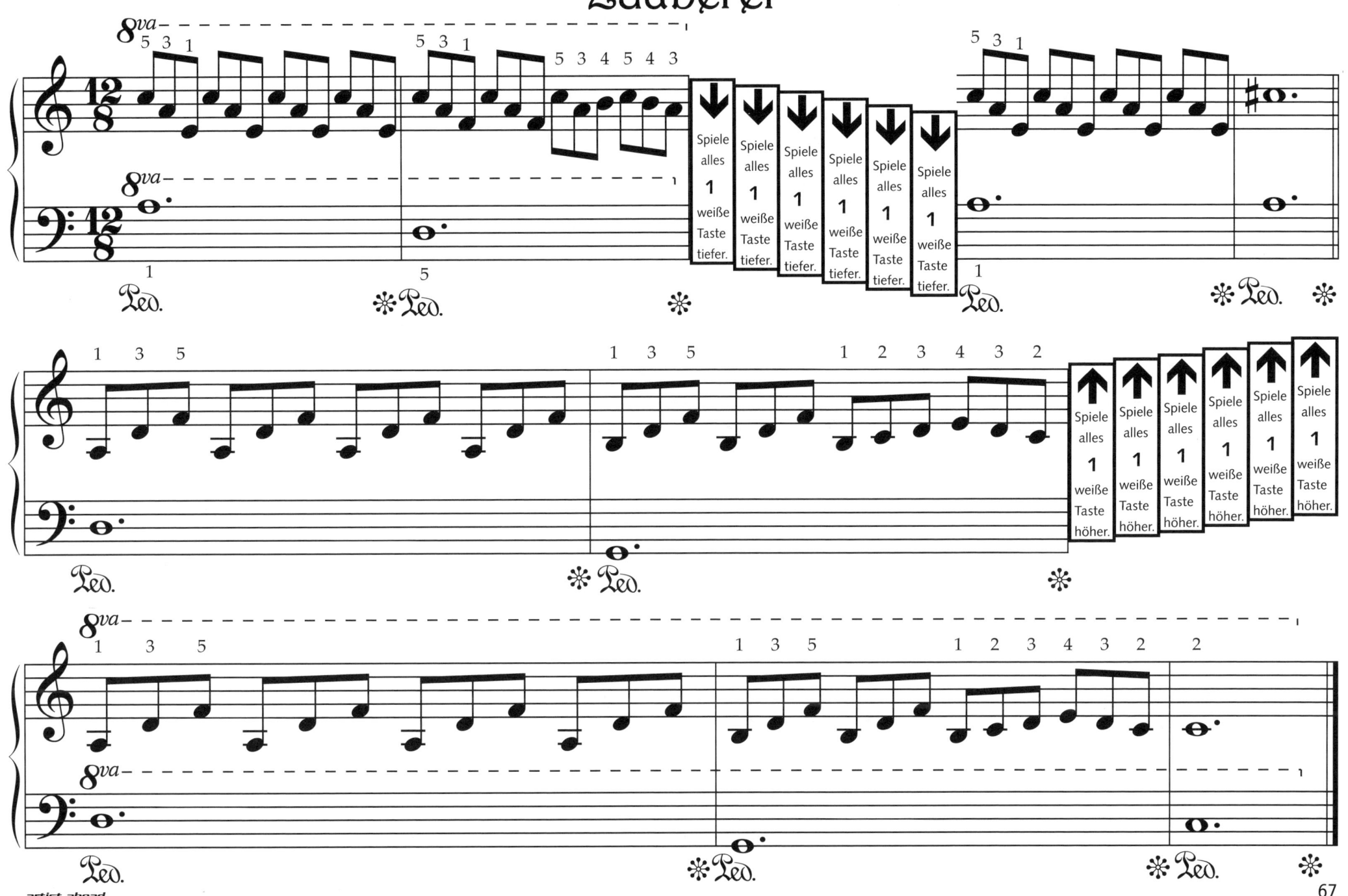

Zauberei

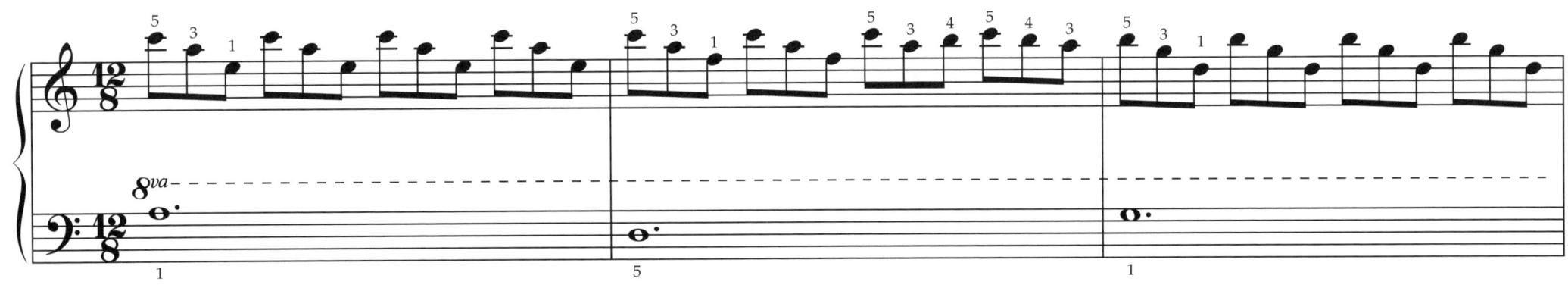

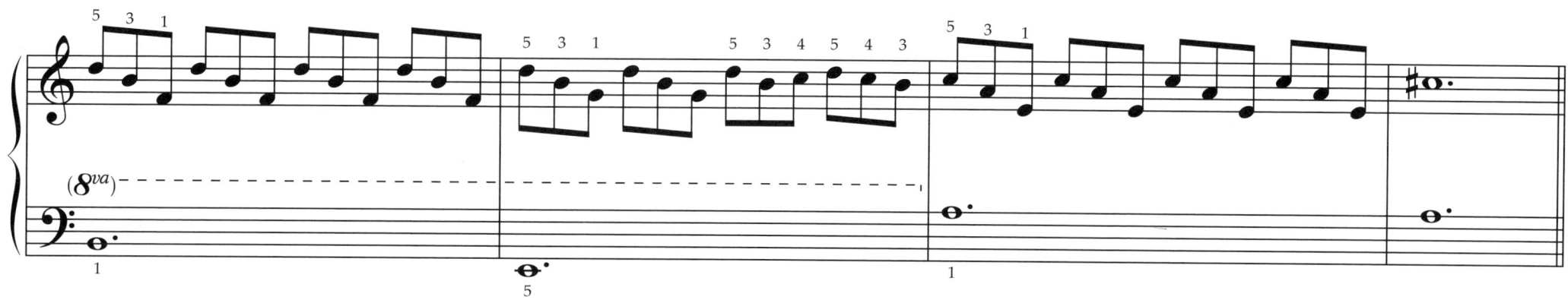

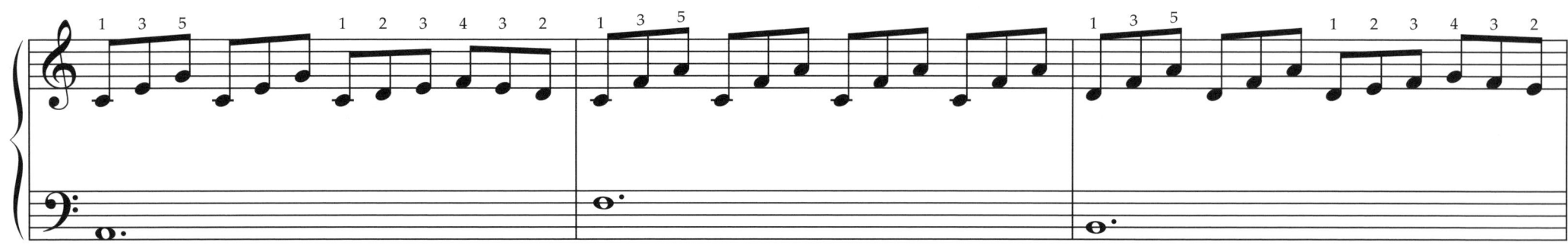

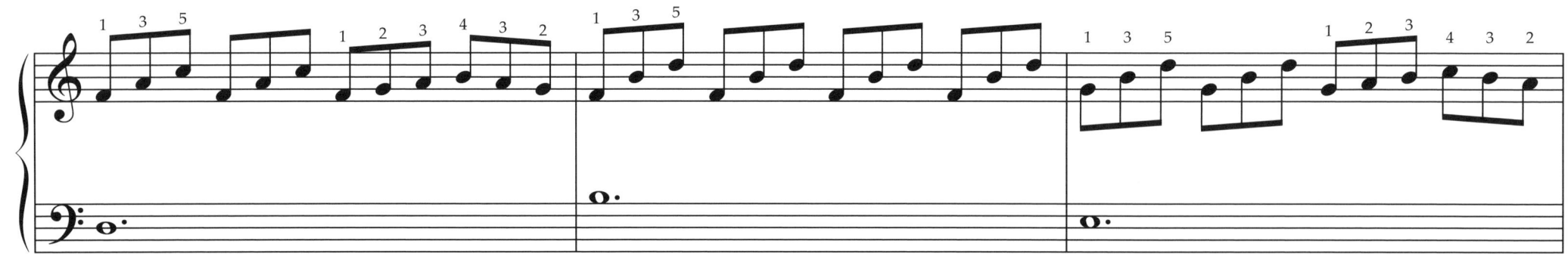

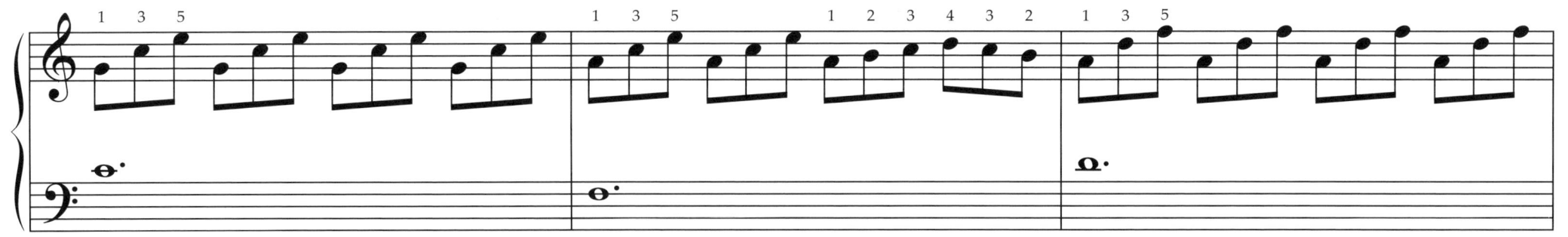

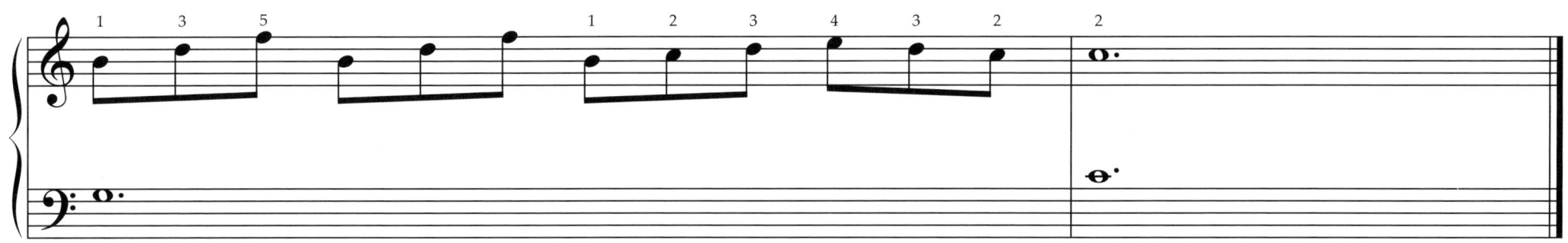

KLAVIERTRÄUME
Bezaubernd-romantische Stücke für Klavier – leicht arrangiert

22 wunderschöne und leicht zu spielende Kompositionen für alle Pianist(inn)en ab 8 Jahren. Die romantisch-verträumten Stücke im französischen, keltischen sowie klassischen Stil, erinnern an bekannte Filmmusiken wie „Die fabelhafte Welt der Amélie" oder auch „Ziemlich beste Freunde" und sind geprägt vom einzigartigen Stil des Komponisten, der Sie auf eine Reise durch bezaubernde Klang- und Bildlandschaften mitnehmen möchte. Die in großer Notenschrift gehaltenen Stücke sind einfach und einprägsam komponiert und abwechslungsreich arrangiert, damit für jeden die Möglichkeit besteht, diese auf persönliche Weise zu interpretieren. Die beiliegende CD dient als Hörbeispiel und Lernhilfe und ist auch als „Soundtrack" für unterwegs ein wahrer Genuss. Mit „Klavierträume" ist dem Komponisten Jens Rupp ein wahres „Schatzkästchen" eingängiger, zeitgemäßer Klaviermusik gelungen, welches das Arbeiten mit einer klassischen Schule sinnvoll ergänzt und sowohl Klavierspieler als auch Zuhörer gleichermaßen verzaubert.

Jens Rupp
A4-Buch inkl. CD, 72 Seiten
ISBN 978-3-86642-085-4
EUR 17,95

ISBN 978-3-86642-085-4

LOVELY PIANO MOMENTS
14 zauberhaft-romantische, leicht spielbare Klavierballaden

Nach dem erfolgreichen Vorgängerband „Emotional Piano Ballads" ist dem Autor Michael Gundlach mit „Lovely Piano Moments" eine weitere wundervolle Sammlung gefühlvoller und leicht spielbarer Klavierballaden gelungen. Die vierzehn zauberhaften Stücke sind von vielfältigen Stimmungen geprägt: romantisch, leicht melancholisch, aber auch beruhigend und zärtlich. Die eingängigen Melodien der Kompositionen sind unterlegt mit einfachen und zeitgemäßen Begleitfiguren der linken Hand. Anhand der angegebenen Akkorde lassen sich die harmonischen Zusammenhänge schnell erkennen. Die Stücke sind in kurzer Zeit erlernbar, bereiten schnell Spielfreude und lassen genügend Spielraum für die eigene, kreative Interpretation. Der optionale Download der Hörbeispiele dient als praktische Lernhilfe um den Ausdruck und die richtige Artikulation nachvollziehen zu können und auch als „Soundtrack" für unterwegs ist „Lovely Piano Moments" ein absoluter Genuss. Download-Material: Unter **www.artist-ahead-download.de** stehen Ihnen die enthaltenen Klavierstücke als Audio- und MP3-Dateien zum Download zur Verfügung.

Michael Gundlach
A4-Buch inkl. Download, 48 Seiten
ISBN 978-3-86642-106-6
EUR 15,95

ISBN 978-3-86642-106-6

MEINE ZWEITE KLAVIERSCHULE!
Der leichte Einstieg für Kinder ab 8 Jahren & Erwachsene - die Fortsetzung!

In dieser Fortsetzung wird das bereits Erlernte weiter vertieft sowie die spielerischen Fähigkeiten und das theoretische Wissen im klassischen und modernen Bereich allmählich erweitert. Zum Beispiel das Spielen von Melodien mit dem Tonumfang einer Oktave oder das Kennenlernen der Sechzehntel-Noten, punktierten Achtelnoten, Molltonleitern, vierstimmigen Akkorden und weiteren wichtigen Elementen der Musik. Dabei helfen dem Schüler unter anderem immer wieder Abbildungen der Tastatur, welche die Orientierung erleichtern. Die musikalischen Lehrstücke der Klavierschule sind in ihrer Abfolge so kombiniert, dass sie in sehr feinen Abstufungen des Schwierigkeitsgrades komponiert und systematisch aufeinander abgestimmt sind. Rock- und Bluesstücke sorgen für musikalische Vielfalt und Abwechslung. Auch die Harmonielehre wird ausführlich vermittelt, um das nötige Wissen und Verständnis über musikalische Zusammenhänge, Noten und Töne zu erlernen.

Jens Rupp
A4-Buch, 72 Seiten
ISBN 978-3-86642-110-3
EUR 12,95

ISBN 978-3-86642-110-3

Erhältlich unter **www.artist-ahead.de** oder bei Ihrem gut sortierten Fachhändler.